我的第一本
逻辑学入门书，提升思考力

蒋巍巍◎著

中国商业出版社

图书在版编目（CIP）数据

我的第一本逻辑学入门书，提升思考力/蒋巍巍著.
— 北京：中国商业出版社，2018.7
ISBN 978-7-5208-0428-8

Ⅰ.①我… Ⅱ.①蒋… Ⅲ.①逻辑学–通俗读物
Ⅳ.① B81-49

中国版本图书馆 CIP 数据核字 (2018) 第 131632 号

责任编辑：唐伟荣

中国商业出版社出版发行
010-63180647　www.c-cbook.com
(100053　北京广安门内报国寺 1 号)
新华书店经销
北京晨旭印刷厂印刷

*

710×1000 毫米　1/16　16.5 印张　210 千字
2018 年 7 月第 1 版　2018 年 7 月第 1 次印刷
定价：48.00 元

* * *

（如有印装质量问题可更换）

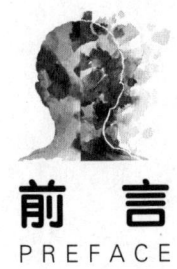

前 言
PREFACE

世界里的逻辑学

　　逻辑学是一门起源于古希腊的学问，它是人类怀疑精神的结晶，也是科学精神的源头，更是世界里的重要部分，也就是：世界是逻辑的世界。

　　世界里的逻辑学，有助于提高人们的人文素质，培养科学精神，有助于人类开发智力和调节心理，当然，最重要的是对人类的生活与工作提供了重要的帮助，比如人们在做事、思考、说话的过程中，要使用概念，作判断、陈述，必要的时候还要进行推理论证。

　　现如今市面上关于逻辑学方面的著作众多，可是很多人都没有时间和精力去细细地品读这些厚厚的著作；加之这些著作中有大量晦涩难懂的专业性术语和枯燥乏味的理论，对于没有任何逻辑学知识基础的普通人来说，简直如天书一般。

　　正因如此，本书避免了晦涩难懂的专业性术语和枯燥乏味的纯理论，而是以知识性与趣味性相结合的方式，深入浅出地告诉你"什么是逻辑学"和"在生活中怎样学习和运用逻辑学"，将逻辑学的知识浅显易懂地呈现在人们的面前，让人们真真切切地体会到世界里的逻辑学。

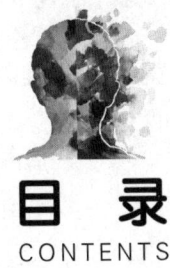

目 录
CONTENTS

第一篇　逻辑学入门

第 1 章　逻辑学随处可见　003

- 逻辑中的套套逻辑　004
- 化繁为简，找到问题的本质　008
- 逻辑思维的行走模式　010
- 尊重逻辑思维中的非逻辑思维　014
- 集体思维中的逻辑思维方式　017
- 高深莫测的逻辑学家　022

第 2 章　必须遵循的逻辑规律　027

- 消除判断中的模糊：同一律　028
- 事物的相关性：排中律　033
- 相关而不重复：矛盾律　038
- 充分而不必要的论据：充足理由律　043

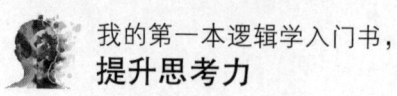

第3章　难以避免的逻辑错误　　049

语言陷阱：一不留心就掉进去　　050

引用逻辑：亚里士多德就是我的标签　　055

偷换概念：说话模棱两可　　060

中性词语：让人浮想联翩　　064

本体真相：不是逻辑真相　　068

第二篇　解密逻辑思维

第4章　逻辑思维，化繁为简找到问题本质　　075

区分逻辑思维与非逻辑思维　　076

剪不断，理还乱——逻辑思维与语言逻辑　　080

遵循逻辑思维定律　　084

遵循语言逻辑定律　　090

第5章　探寻思维方式，跳出惯性系统　　095

条条大路通罗马：侧向思维　　096

十万个为什么：追踪思维　　102

学会跟人合作：组合思维　　107

不单单是一个人的抉择：博弈思维　　113

反其道而思之：逆向思维　　120

两点之间直线最短：求易思维　　125

获取概念，寻找本质：抽象思维　　127

目 录
CONTENTS

　　突破固有思维模式：发散思维　　　　　　　　　133
　　使思维条理化、简明化：收敛思维　　　　　　　137

第6章　逻辑推理，让论证更加有力　　　　　　143

　　逻辑中的逻辑论证很有力　　　　　　　　　　　144
　　由特殊到一般：归纳推理　　　　　　　　　　　151
　　从普遍到特殊：演绎推理　　　　　　　　　　　157
　　从相似点出发的推理：类比推理　　　　　　　　164
　　对事物进行合理的预测：假设推理　　　　　　　171

第三篇　演练运用逻辑思维

第7章　非黑即白的思考方式　　　　　　　　　179

　　强迫症的定义　　　　　　　　　　　　　　　　180
　　善于分析，找到黑与白　　　　　　　　　　　　182
　　选择很重要，是A或者是B　　　　　　　　　　190
　　逻辑＋思考力＝逻辑思考力　　　　　　　　　　193
　　锻炼深度有效的逻辑思考力　　　　　　　　　　196
　　单一的逻辑思维不可取　　　　　　　　　　　　201

第8章　感性逻辑与理性逻辑　　　　　　　　　207

　　随处可见的感性思维逻辑　　　　　　　　　　　208
　　你要学会的理性思维逻辑　　　　　　　　　　　213
　　用苯基乙胺识别感性思维　　　　　　　　　　　221

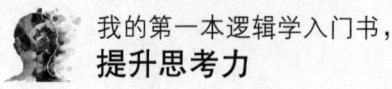

    心理机制隐匿情感现实   225

    管理情绪脑和理性脑   232

    用理性逻辑分辨"证据"   235

    感性逻辑＋理性逻辑＝"完美"   238

后记 逻辑里的世界   245

附录 著名的逻辑学家及逻辑理论   247

第一篇
逻辑学入门

第1章
逻辑学随处可见

　　逻辑学作为一门科学,是既古老又年轻的。逻辑学是研究思维形式、思维规律和思维的逻辑方法的科学。

　　所有思维都包含内容和形式两个方面。思维内容是指思维所反映的对象及其属性;思维形式是指用以反映对象及其属性的不同方式,即表达思维内容的不同方式。从逻辑学角度来看,抽象思维的三种基本形式是概念、命题和推理。

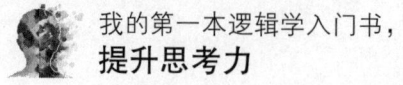

逻辑中的套套逻辑

逻辑是人的思维活动的规律和规则，简单地说，就是对思维过程里涉及的条件和假设，原因和结果，概念、判断和推理等要素之间的联系进行整理和表述。

清晰的逻辑可以让你从一个或者几个准确的点开始思考问题，然后逐步由点成线、由线成面，找到问题的核心与关键，一击即中，让问题迎刃而解。

但是，不清晰的逻辑便会产生歧义。

什么是套套逻辑

英文里面有个词，叫 tautology，国际知名经济学家张五常把它翻译为"套套逻辑"。关于套套逻辑，有两种说法，如下图所示。

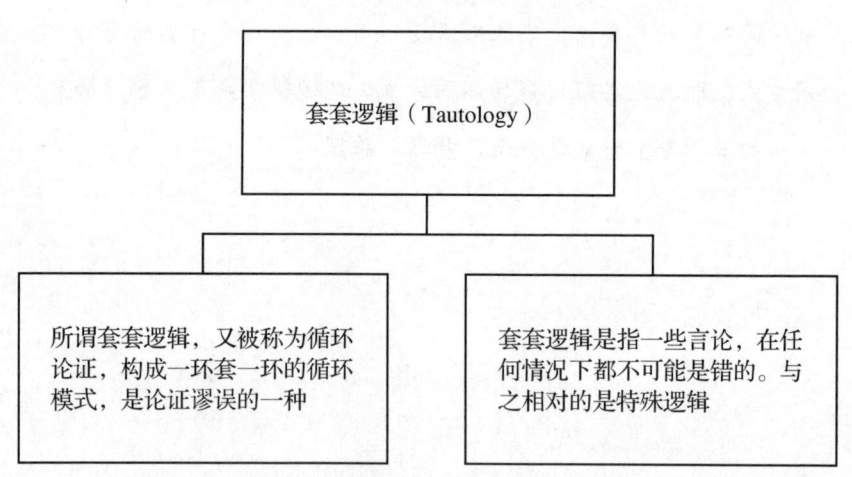

即：套套逻辑既指循环论证，又指一些在任何情况下都不能是错误的言论。

套套逻辑等于循环逻辑

如果在一个论述中，后者本意是为前者做论证，可事实上后者与前者一样是一个有待论证的命题，并且两个命题前件与后件互相替换，构成一环套一环的循环模式，即所谓的"循环论证"。

相信很多人都听过电视剧《士兵突击》里许三多说的那句"好好活就是干有意义的事，有意义的事就是好好活"的座右铭，从套套逻辑的角度出发，这句话在逻辑上是有问题的。

因为这一陈述是典型的循环论证，如下图所示。

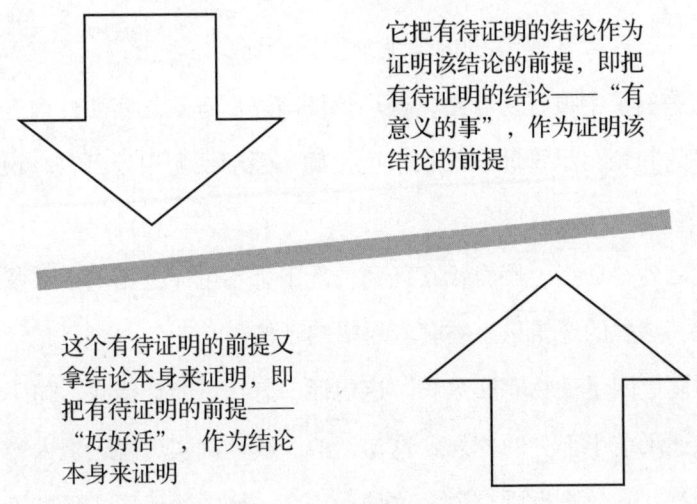

它把有待证明的结论作为证明该结论的前提，即把有待证明的结论——"有意义的事"，作为证明该结论的前提

这个有待证明的前提又拿结论本身来证明，即把有待证明的前提——"好好活"，作为结论本身来证明

也就是说，两个命题都需要证明，但却把彼此互为证明的基础。

在逻辑学上这是违背了逻辑规律的第四条"充足理由律"的结果（关于"充足理由律"的知识，将在本书第2章进行介绍），它的错误本质在于：思维缺乏论证性，它的错误形式往往表现为：用自身证明自身。

在生活中像这种循环论证的例子俯拾即是，如下图所示。

我的第一本逻辑学入门书，
提升思考力

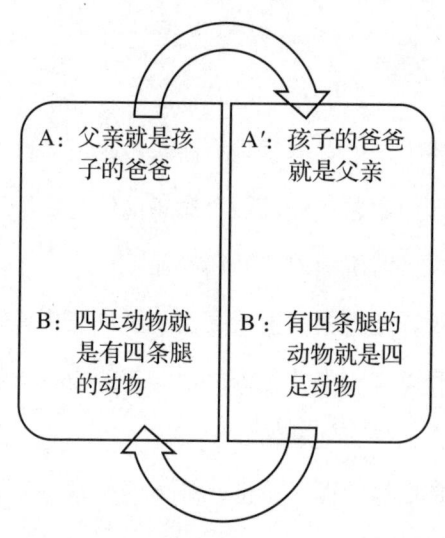

A 与 A′，B 与 B′ 所说的内容就为循环论证。

从这些例子中很容易看出，循环论证陈述本身缺乏实质性内容，对于需要回答的问题，尽管理直气壮永远正确，但却毫无用处可言，说了等于没说。

除此之外，还指一些言论在任何情况下都不可能是错的。其实，在某种程度上，这里的逻辑是上述套套逻辑的延伸。

就如同"四足动物有四只脚"这句话，怎么可能会错呢？句子内的后半部分重述了前半部分的意思，这句话的一般性确实厉害，但内容究竟说了些什么？其实什么也没有说。这种一环套一环的论证形式显然不是在说理，不过在诡辩中倒是大有用场。

与套套逻辑相对的特殊逻辑

与套套逻辑相对的特殊逻辑，是指那种只能解释一个现象的理论，例如，该理论认为在寒冷的天气中，物体在高山上的重量会减少。

当然，我们现在知道那是因为地心引力，从解释力的角度来看，这种理论只能说是特殊逻辑,它只能解释这样一个现象,一旦扩宽了范围,这一解释就显得力不从心了。

例如,在不是非常寒冷的天气中,物体在很高的山上,重量也会减少,其具体的解释如下图所示。

一种极端:套套逻辑	一般化得离谱,不着边际,没有解释力;空洞而又没有内容,在任何情况下不可能错的理论
一种极端:特殊逻辑	内容过多,只能特殊地解释一个现象,范围一旦扩大,理论就会站不住脚,完全没有一般性的解释能力

因此,有解释力的理论,必定是在这两个极端之间。科学的发展,不是对的代替错的,而是有更大解释力的,代替较小解释力的。

我们说套套逻辑不可能错,没有内容,但并没有说这种言论绝不可能是一个重要的概念。事实上,很多重要的科学理论,是从不可能错的套套逻辑所提供的概念而引起的。

套套逻辑有一点很可取的特色:它有极大的一般性,假若我们能把范围加以约束、收窄,有时可以促成一个有内容的——可能错的——理论,其解释能力之强,令人拍案叫绝。

所以说,大有可取的、足以解释世事的理论,都一定是在特殊理论与套套逻辑这两个极端之间。科学的进步,往往是从一个极端或另一个极端开始,逐步地向中间发展的。

无论在生活中还是在工作中,有一个高效的逻辑思维能力是至关重要的,因为它能立刻让你找到问题的关键所在,让问题迎刃而解。所以说,逻辑思维的本质,是化繁为简,目的是为了找到解决方法。

因此,我们可以把与"寻求解决方法"无关的信息,都剔除掉。

化繁为简,找到问题的本质

化繁为简,即:将重复、不相关、不重要的全部剔除,只保留与目标最相关的因素,并将它们按照叙事性的逻辑结构重新组合。

上述话中有三个关键词:剔除、目标和叙事性,在这里笔者主要讲解关键词中的"剔除"。

剔除很好理解,就是做减法。但这里的剔除并不是指把让你不爽的东西都去掉,而是把所有会对你的判断产生干扰的因素全部删除。

这就需要与目标相结合,基于这个目标,你需要开始做减法,去除所有不能对目标产生直接影响的信息和因素,这里面包括下图中的几点。

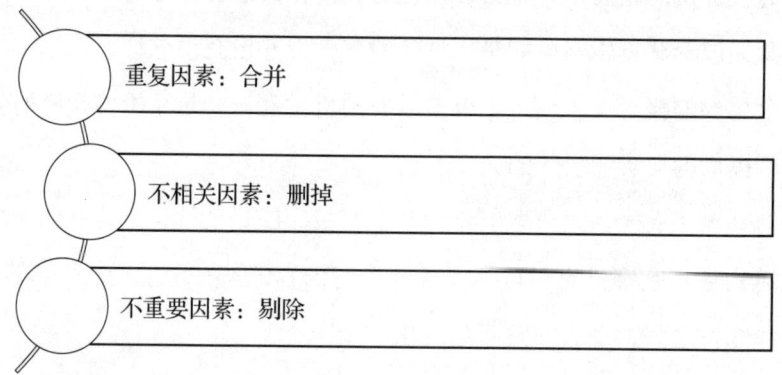

1. 重复的因素:合并

比如包装过时,广告语古板,这些都属于品牌沟通调性陈旧,这都是在叙述一个问题,只是从不同角度展开而已。

因此,只用列出"品牌沟通调性陈旧"就有助于将重复的信息精简,将这些问题一言概之,将相同属性的因素进行归纳总结。

2. 不相关的因素：删掉

判断因素相关性的标准，就是看各个因素是否和你的主要目标有关，如果没有关系就果断删除。

比如商品单一，再比如销售渠道单一，这些属于商业战略的问题，和"如何使品牌年轻化"这一目标没有关系。虽然一些信息多次出现在背景资料中，也许它们能让你了解一片湖，但是真正对你有用的只有一碗水。

3. 不重要的因素：剔除

和目标并不直接关联的因素，虽然它们不能和目标之间形成一条简单的逻辑关系链，但是它们可能间接地和目标有千丝万缕的联系。

以市场推广为案例，比如，市场推广预算不足，这可能只是造成品牌年轻化道路上的一个间接障碍，那么这一点就可以暂时放在一边不去考虑。

剔除了上述的干扰信息之后，很可能最后留在你的备忘录里的关键信息是下图中的几个。

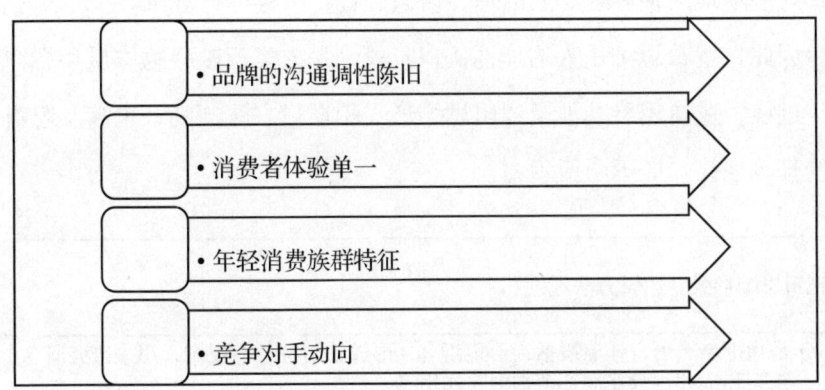

- 品牌的沟通调性陈旧
- 消费者体验单一
- 年轻消费族群特征
- 竞争对手动向

而你需要做的，就是详细分析备忘录中的关键信息。

所以说，逻辑思维的过程是化繁为简，目的是为了找到解决的方法。

化繁为简、精简思维的很大的一个作用就是，一开始就让你从一个或

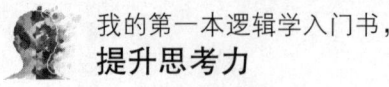

者几个准确的点开始思考问题,然后逐步由点成线、由线成面。

在找到最核心的关键因素之后,你需要根据它们来构思你的故事,用叙事性的逻辑思维将你的思路娓娓道来。

逻辑思维的行走模式

逻辑思维(Logical thinking)是人脑的一种理性活动,思维主体把感性认识阶段获得的对于事物认识的信息材料抽象成概念,运用概念进行判断,并按照一定的逻辑关系进行推理,从而产生新的认识。

它是作为对认识者的思维及其结构以及起作用的规律的分析而产生和发展起来的。

逻辑的本质

所谓的逻辑思维,是人们在认识过程中借助于概念、判断、推理等思维形式能动地反映客观现实的理性认识过程,又称理论思维。

因此,逻辑思维是人的理性认识阶段,是人类反映事物本质和规律的认识过程,逻辑思维既涉及逻辑思维形式和逻辑方法规则,也涉及逻辑思维的基本规律,如下图所示。

> **逻辑思维形式、逻辑方法规则**
> - 是指把自然语言抽象概括为形式语言,形成初始符号或规则,用来研究概念、判断和推理,只在局部范围内起作用

> **逻辑思维的基本规律**
> - 是人类进行正确逻辑思维的根本准则和基本依据,普遍适用于人们的思维

只有经过逻辑思维，人们才能达到对具体对象本质规定的把握，进而认识客观世界。因此，逻辑思维（Logical Thinking）是思维的一种高级形式，是人的认识的高级阶段，即理性认识阶段。

它符合某种人为制定的思维规则和思维形式的思维方式。

逻辑思维的形成和特点

逻辑思维形成和发展的基础是社会实践，它可以确定逻辑思维的任务和方向，并且实践的发展对于感性经验的增加，也使逻辑思维逐步深化和发展。

逻辑思维是人脑对客观事物的间接反映，它凭借科学的抽象揭示事物的本质，具有自觉性、过程性、间接性和必然性的特点。逻辑思维的基本形式是概念、判断、推理。

在逻辑思维中，要用到概念、判断、推理等思维形式和比较、分析、综合、抽象、概括等方法，而掌握和运用这些思维形式和方法的程度，就是逻辑思维的能力。

而一个有条理、有根据的逻辑思维具备以下几个特点。

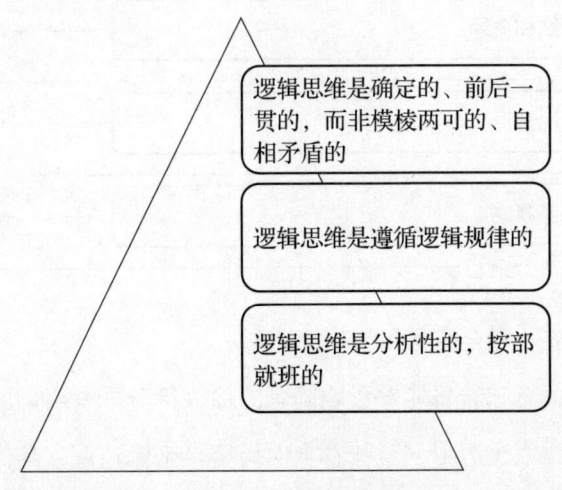

逻辑思维是一种确定的，而不是模棱两可的；逻辑思维是前后一贯的，而不是自相矛盾的；逻辑思维也是有条理、有根据的思维。

逻辑思维要遵循逻辑规律，这主要是形式逻辑的同一律、矛盾律、排中律、辩证逻辑的对立统一、质量互变、否定之否定等规律，违背这些规律，思维就会发生偷换概念、偷换论题、自相矛盾、形而上学等逻辑错误，其认识就是混乱和错误的。

逻辑思维是分析性的，按部就班，运用逻辑思维时，每一步必须准确无误，否则无法得出正确的结论。

逻辑思维行走的四种模式

我很喜欢《教父》这部电影，里面有一句话令人记忆深刻："花半秒钟就看透事物本质的人，和花一辈子都看不清事物本质的人，注定是截然不同的命运。"

这里笔者总结了提高逻辑思维的四种形式，如下图所示。

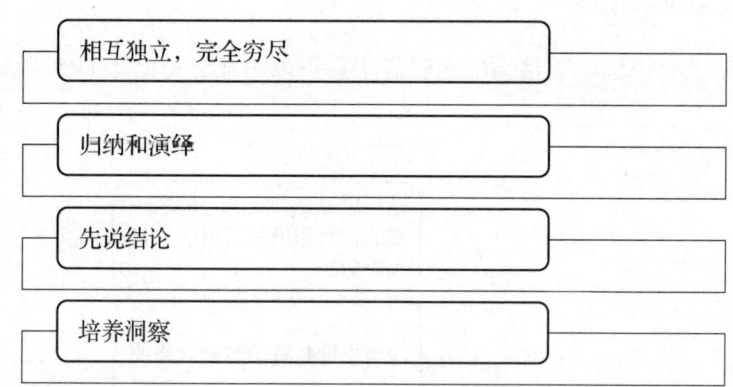

1. 相互独立，完全穷尽

相互独立，意味着将能够影响问题的原因拆分成有明确区分、互不重叠的各个因素。完全穷尽，意味着全面周密，毫无遗漏。具体的过程分为三个步骤。

第一步，通常运用此种方式都是从一个最高层的问题开始，逐层向下进行分解；

第二步，列出你亟待解决的问题；

第三步，将问题拆分成子问题，并保证它们之间互不重叠和干扰，同时保证你把能够想到的子问题全部列出来。

除此之外，在实际运用中我们需要问自己两个问题：

第一个问题：我是不是把所有的可能因素都考虑到了，有没有遗漏的？如果有，再去找。

第二个问题：这些因素之间有没有互相重叠的部分？如果有，进行去重。

2. 归纳和演绎

演绎和归纳是两条基本的认知事物和思考的逻辑法则。

简单通俗地说，归纳，就是通过寻找事物之间所具备的某种相同属性，来寻找共通点。演绎，是按照事物因果顺序、时间先后顺序和重要程度顺序，把互相之间形成影响的因素排列出来，从而来寻找解决问题的突破口，两种的释义笔者在下图中再次引入。

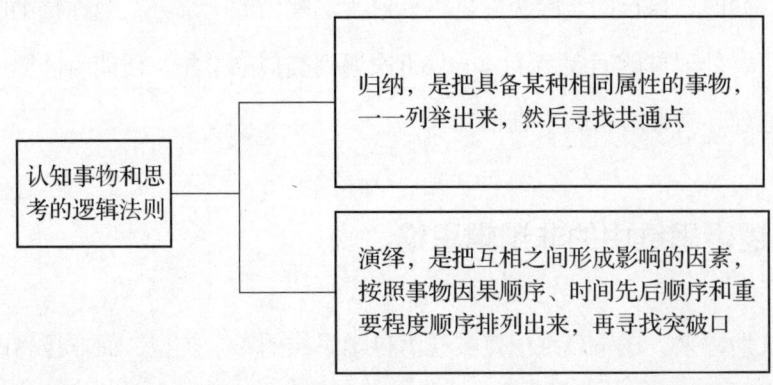

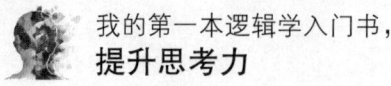

对于生活和工作中所有的问题，我们都可以用演绎或者归纳的形式进行拆分，这个过程被称为"解构"。

比如在解决问题时，我们就能把"归纳演绎"和"相互独立，完全穷尽"搭配使用，那么，就有助于把复杂的问题简单化，从而找到问题的突破口。

3. 先说结论

先说结论，顾名思义就是指一开始就明确观点，接下来再通过层层递进的方式论证观点的正确性，这能节省所有人的时间，并且不会使听众感到云里雾里。

4. 培养洞察

对于洞察这个词，我们可以理解为是事物的原因，原因的原因，因此，你需要洞察的就是事物的本质。

培养洞察时，要深入事物或问题。首先自己要积累很多必要的知识，否则你没法深入，而只能看到事物的表面，所以要提高洞察力，你得具备相当的阅历，这点很重要。

再者，遇到问题一定要集中注意力，去反复认真思考，从而进行正确的分析和判断。所以，集中自己的注意力去思考问题、处理事物也是很重要的。同时，自己的实际经验也可以成为洞察力的一部分，当你接触的事物多了，处理过的问题多了，一旦再次遇到类似的事物，便能瞬间明白其中的道理，看穿事物的"真相"。

尊重逻辑思维中的非逻辑思维

长期以来，逻辑思维一直被视为科学思维的唯一类型，而非逻辑的思维仍未被重视。

非逻辑思维与逻辑思维是相辅相成的，有时非逻辑思维也起着关键作用，非逻辑思维是什么呢？如下图所示。

非逻辑思维	是指用通常的逻辑程序无法说明和解释的那部分思维活动，例如，直觉、灵感、想象等是其主要表现形式
	作为人类理性的表现，并不是无规律的或不符合逻辑的
	虽不能用传统的形式逻辑来解释和说明，但它却可以用以辩证法为基础的辩证逻辑来解释

同时，非逻辑思维还在创造思维的关键阶段起着重要的作用，思维由经验到理论的飞跃环节是通过直觉、灵感等非逻辑思维来实现的。非逻辑思维的具体实现途径，如下图所示。

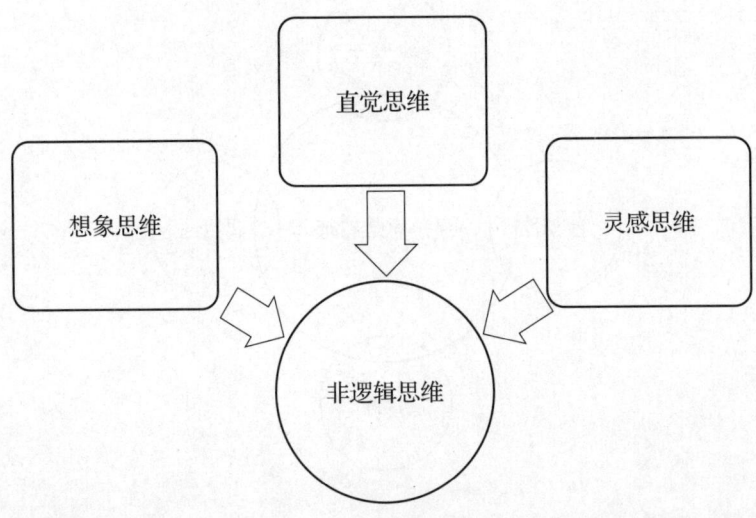

1. 想象思维

想象思维是人们在头脑中对已有的事物的表象进行加工创造新形象的心理过程，它不是表象的简单再现，而是对表象的夸张、拓宽和升华，是对表象理想化的改造。

它可以脱离现象，但却以现象为基础。想象具有直观性、形象性、整体性、概括性等特征。

2. 直觉思维

直觉思维是指不受某种固定的逻辑规则约束而直接领悟事物本质的一种思维形式。直觉思维具有迅捷性、直接性、本能意识等特征。

直觉作为一种心理现象贯穿于日常生活之中，也贯穿于科学研究之中。

3. 灵感思维

灵感思维是一种高度复杂的思维活动，它是人在文艺创作、科学研究中因创造力突然达到超水平发挥的一种特定心理状态。

灵感思维具有以下几个特征。

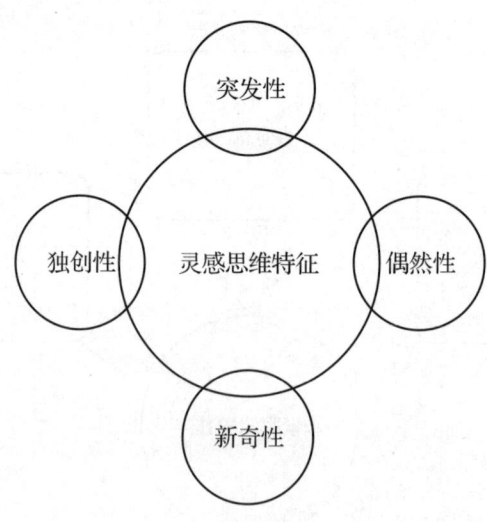

说起灵感思维的特征，不禁让笔者想起阿基米德的故事。古时候阿基米德在解决如何测定国王皇冠是否是纯金的时候，一个星期没顾上洗澡。他的夫人叫他洗澡，当阿基米德的身体浸入澡盆时，澡盆中的水随之升高而突发灵感，得出了阿基米德原理：浸在液体中的物体受到向上的浮力，浮力的大小等于物体排开的液体所受的重力，这就是著名的"阿基米德定律"，又称阿基米德原理，浮力原理。

因此，灵感不是唯心的、神秘的东西，他是客观存在的，是思维的特殊形式，是一种使问题一下子澄清的顿悟。

总之，逻辑思维虽然具有可靠程度高的优点，但易受传统思维的束缚，而非逻辑思维可突破成规与定式，更具有创造性。

在思维逐渐从经验型向理论型水平发展的过程中，适当地辅之以非逻辑思维的训练与培养，利于我们形成全面的创造性思维品质。

集体思维中的逻辑思维方式

集体思维又称群体思维，最初的群体思维理论是由 Janis 于 1972 年提出并于 1977 年和 1982 年进一步扩展的，他在 1972 年通过对一些执行问题解决任务的小群体行为的观察，提出了一系列的假设，并将这些假设综合后称之为群体思维。

集体思维是社会思维的形式之一，也是创造性思维的一种重要途径，更是现代创造设计法之一。

群体思维（group thinking）是指高内聚力的群体认为他们的决策一定没有错误，为了维持群体表面上的一致，所有成员都必须坚定不移地支持群体的决定，与此不一致的信息则被忽视，即群体决策时的倾向性思维方式。

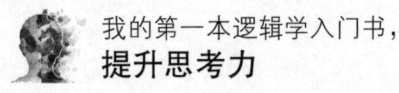

常见的集体逻辑思维形式

集体思维常见的形式有以下几种。

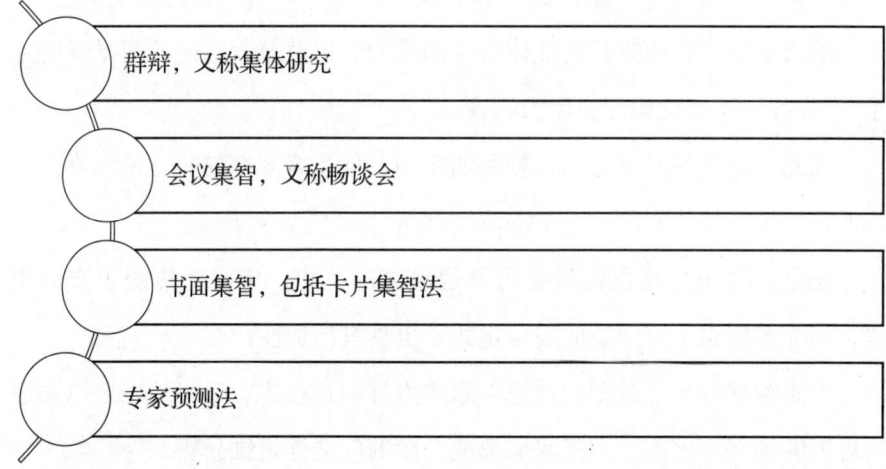

1. 群辩，又称集体研究

由不同性格和专业的人员组成精干的小组，自由运用比喻或模拟等方法非正式地交换意见，进行创造性思维，在此基础上阐述或解决理论问题与实际问题。

2. 会议集智，又称畅谈会

组织者仅起引导作用，不作评价或结论。与会者自由思维，提出自己的方案，综合、补充或改进他人的方案，严禁否定他人的意见。与会者应有不同的专业或经历，人数以5—10人为宜。

3. 书面集智，包括卡片集智法

卡片集智法，即与会者口念写有个人意见的卡片，然后综合他人意见，将新的看法写于另一卡片，综合整理全部卡片。

4. 专家预测法

专家预测法又叫作德尔菲法，即：将问题表或提纲以匿名方式向各领域的专家（几十人）书面征求意见汇总答案后，拟成若干问题，再次征询意见，反复三次，归纳整理，得出预测结果。

此法可避免其他方法形成的心理压力、从众心理和思维定势的消极影响。

群体思维的逻辑现象

群体思维是群体决策中的一种逻辑现象，是群体决策研究文献中一个非常普遍的概念，但是还有一种现象是群体转移，它是指在讨论可选择的方案、进行决策的过程中，群体成员倾向于夸大自己最初的立场或观点，综合来讲，群体逻辑有以下两点现象。

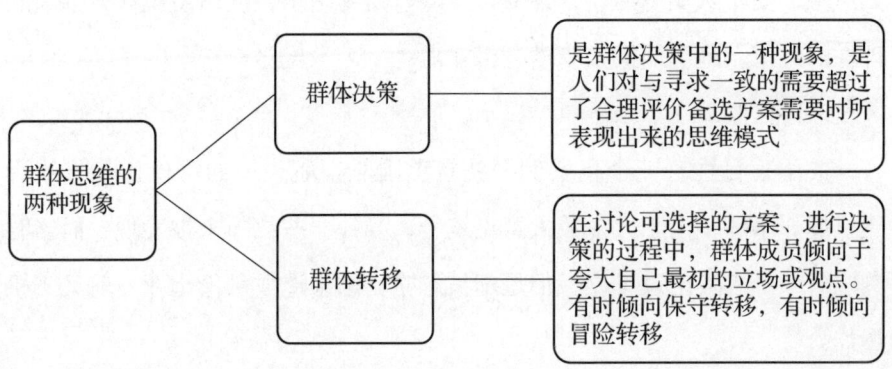

在某些情况下，谨慎态度占上风，形成保守转移。但是，在大多数情况下，群体容易向冒险转移。

群体思维的逻辑特征

群体逻辑思维有四大逻辑特征，如下图所示。

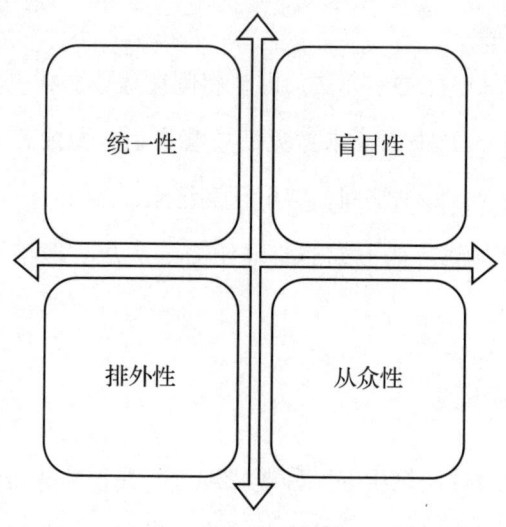

1. 统一性

集体心理会带来巨大的风险,这种"集体心理"对团队的行事带来巨大风险,使团队变得冲动、易变、急躁、易受暗示,从而使集体行为缺乏理性的约束,趋于偏执、专横、保守。

2. 盲目性

关于盲目性,一个真实例子就是美国航空航天局的哥伦比亚号航天飞机爆炸事件,由于大多数人意见统一,导致一些故障未被发现,而当时其中有一个人提出过异议,但是却被忽略,结果造成哥伦比亚号航天飞机爆炸。

无论是美国航空航天局,还是相关行业的精英,为什么还是出现了如此大的漏洞呢?原因就是"集体思想"决策所导致的盲目性,正如美国的投资专家汉弗莱·B.尼尔所说:"当所有人想的都一样时,每个人都可能是错的。"

3. 排外性

团队成员关系过于紧密,对团队的决策判断并非好事,因为"集体精神"的强势话语权,有时候会铲除单个人讲出真理的外在环境,集体决策是科学决策的基本方式,但不等于科学决策。

在集体决策时,即使经验再丰富的管理者组成的团队也有可能犯下幼稚的错误,共同选择一个失败的方案,并带来灾难性的后果,这就是所谓的群体思维的陷阱。

具有较强凝聚力的团队总是深为"集体思想"所累。集体思想是"具有凝聚力的集体中成员的一种思考模式,有某种共识存在于该集体中,并处于强大的支配地位,以至于往往忽视了对其他各种行动方案的客观评价"。

当一个组织过分注重整体性,而不能持一种批评的态度来评价其决策及假设,这种排外性情况就会发生,如下图所示。

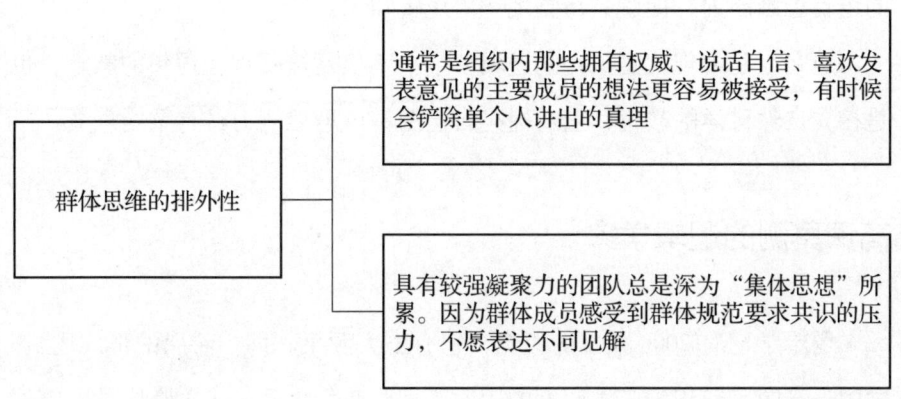

4.从众性

在团队制定决策时,所有的人都同意某一项决策,团队负责人要意识到,这个决策里面可能存在着巨大的风险。因为"完美"的决策是不存在的,所有人都同意的决策也是值得令人怀疑的。

虽然对团队来讲,一定的从众行为是允许的,如果这种从众行为是以牺牲个性、妨碍创见的产生、压抑个人的独创精神为代价,那我们就要反

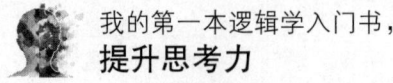

思,并对这种行为说"不"。

预防或减少群体思维的有效方法有头脑风暴法、德尔菲法、辩证决策法等,这些方法保证了群体决策时保持理性的、清晰的思路。

但是,群体思维也有其优点。比如,能够具有更完全的信息和知识;能够增加观点的多样性;能够提供多种决策方案等,它同个人决策相比更能得到执行者和实践者的认可与拥护。

逻辑学作为实证科学、思维科学和人们进行思维所必须运用的思维工具,它不仅与数学等自然科学有紧密联系,也与社会科学有一定关联,是任何学科都离不开的。

而且它有助于人们短时间内综合分析大量材料,处理众多信息,提高工作和学习效率,学习逻辑学可以辩证地理解集体思维,训练和提高人们的逻辑思维能力,促进其自觉地运用逻辑知识。

总之,学习现代意义上的逻辑科学,不仅是接受现代逻辑的教育,也是接受自然科学的教育,它对提高人们的集体思维能力具有重要意义。

高深莫测的逻辑学家

逻辑学已有2000多年的历史,它有三大源泉,即古希腊的形式逻辑,中国先秦的名辩逻辑,古印度的因明。那么我们来看一下古今中外有哪些著名的逻辑学家。

逻辑学家:墨子

中国在春秋战国时期就产生了称之为"名学""辩学"的逻辑学说。《荀子·正名》尤其是《墨经》集其大成,系统地研究了名、辞、说、辩等,相当于词项、命题、推理与论证之类的对象,逻辑思想十分丰富,但由于与一定的政治、道德理论掺杂在一起，未能形成独立的学科体系。

墨子是中国历史上唯一一个农民出身的哲学家，墨子创立了墨家学说，墨家在先秦时期影响很大，与儒家并称"显学"。

墨子是中国古代逻辑思想体系的重要开拓者之一，他比较自觉地、大量地运用了逻辑推论的方法，以建立或论证自己的政治、伦理思想。他还在中国逻辑史上第一次提出了辩、类、故等逻辑概念，并要求将辩作为一种专门知识来学习。

墨子的"辩"虽然是统指辩论技术，但却是建立在知类（事物之类）明故（根据、理由）基础上的，因而属于逻辑类推或论证的范畴。

墨子所说的"三表"既是言谈的思想标准，也包含有推理论证的因素。墨子还善于运用类推的方法揭露论敌的自相矛盾。由于墨子的倡导和启蒙，墨家养成了重逻辑的传统，并由后期墨家建立了第一个中国古代逻辑学的体系。

由这一思维法则出发，墨子进而建立了一系列的思维方法。他把思维的基本方法概括为"摹略万物之然，论求群言之比。以名举实，以辞抒意，以说出故。以类取，以类予"（"小取"）。

也就是说，思维的目的是要探求客观事物间的必然联系，以及探求反映这种必然联系的形式，并用"名"（概念）、"辞"（判断）、"说"（推理）表达出来。

"以类取，以类予"，相当于现代逻辑学的类比，是一种重要的推理方法。此外，墨子还总结出了假言、直言、选言、演绎、归纳等多种推理方法，从而使墨子的辩学形成为一个有条不紊、系统分明的体系，在古代世界中别树一帜，与古代希腊的逻辑学、古代印度的因明学并立。

逻辑学家：陈那

古印度的逻辑学说称为"因明"，"因"指推理的根据、理由；"明"指知识、智慧。陈那的《因明正理门论》就是其代表，如对推理从形式上作了探讨，提出了"三支论式"。但为佛教服务的因明也未能撇开思维具体内容而上升为数学形式的科学。

陈那意译"域龙""大域龙""童授""方象"，古印度大乘佛教瑜伽行派重要理论家，新因明学说的奠基人，印度中世纪逻辑之父。

他精通传统婆罗门学说，后转投世亲门下，改修大乘，研讨有宗；通弥勒之瑜伽，尤善正理之因明，善言能辩。他对婆罗门传统的正理论进行了根本性的改革，创立了佛教新因明的逻辑体系，并对逻辑学（因明学）的发展有着重要的贡献，如下图所示。

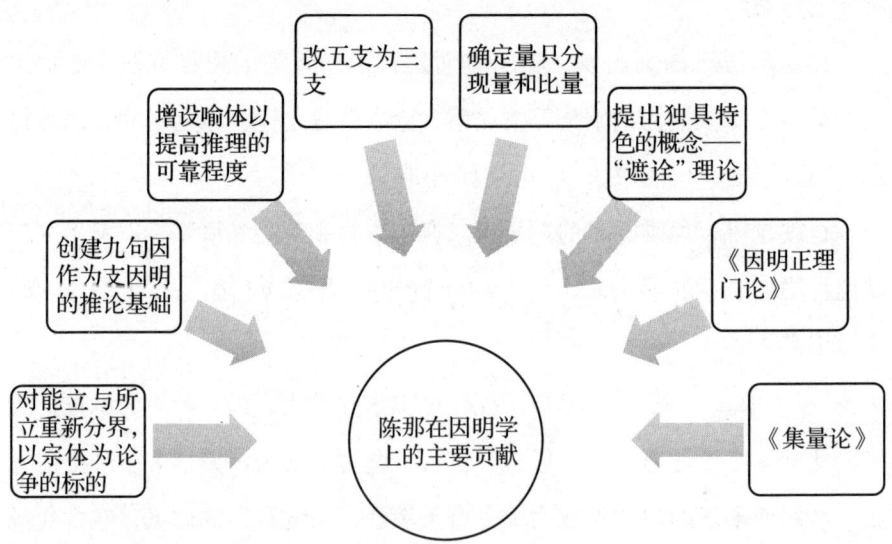

印度佛教逻辑史上将陈那以前的印度逻辑学说称为古因明，而将陈那之后的逻辑学说称为新因明。

陈那的著作可分前、后期。前期的代表作是《因明正理门论》，后期的主要作品是《集量论》。《因明正理门论》内容分为两部分，前一部分讲能立及似能立，后一部分讲能破及似能破。他从两个主要方面创立新因明体系：①改古师五支论式为三支论式；②继承、完善因三相理论。

陈那在哲学上是法相唯识论者，他虽然毕生致力于改造印度的形式逻辑，创造性地建立新因明，但他把逻辑有机地与认识论结合起来。陈那的作品，特别是最后的《集量论》是他的逻辑理论和哲学观点的总结。

改革因明学说是陈那的最大贡献。他的因明学说被称为"新因明"。这些改革，将正理派与佛教古因明的类比推理改造成为演绎推理，是印度逻辑史上的一大飞跃和转折。

逻辑学家：亚里士多德

古希腊学者对逻辑进行了较全面的研究，形成了独立的系统理论。亚里士多德的六篇逻辑论著被后人集为《工具论》，在历史上建立了第一个关于词项的逻辑系统，亚里士多德被西方人誉为"逻辑之父"。

在亚里士多德之后，斯多葛学派研究了关于命题的逻辑。它不同于亚氏逻辑，但又与亚氏逻辑一样，同属演绎逻辑体系，并一起成为传统逻辑最主要的构成部分。

亚里士多德，古代先哲，古希腊人，世界古代史上伟大的哲学家、科学家和教育家之一，堪称希腊哲学的集大成者。从科学学与科学史的意义上，亚里士多德拥有自己的逻辑学范式，是原创的逻辑学基础理论的逻辑学人，以逻辑为研究对象，区分逻辑正确与否，并且对逻辑学有很高造诣。

有关逻辑学，他写了《范畴篇》《解释篇》《前分析篇》《后分析篇》《论

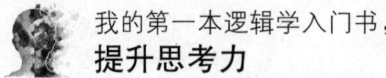

题篇》《辩谬篇》六篇逻辑学著作,其总称为《工具论》。而且他还提出了著名的三段论的系统理论。

三段论推理是演绎推理中的一种简单判断推理。它包含两个直言命题构成的前提,和一个直言命题构成的结论。

一个正确的三段论且仅有三个词项,其中联系大小前提的词项叫中项,在前提中出现两次;出现在大前提中,又在结论中做谓项的词项叫大项;出现在小前提中,又在结论中做主项的词项叫小项。

例如,所有的偶蹄目动物都是脊椎动物,牛是偶蹄目动物,所以牛是脊椎动物。上面的三段论推理,"偶蹄目动物"是连接大小前提的中项;"脊椎动物"是出现在大前提中又在结论中做谓项的"大项";"牛"是出现在小前提中又在结论中做主项的"小项"。习惯上,用"P"表示"大项",用"M"表示"中项",用"S"表示"小项"。

除了墨子、陈那以及亚里士多德之外,也有很多著名的逻辑学家以及逻辑理论,详见附录。

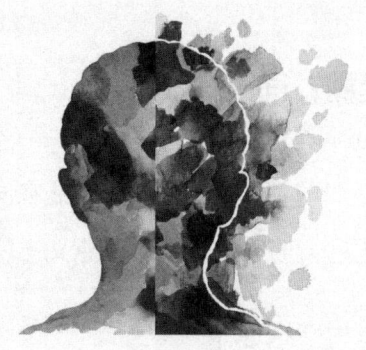

第 2 章

必须遵循的逻辑规律

逻辑思维的规律是逻辑思维形式中内在的必然联系，他有基本规律与非基本规律之分。凡是存在于一切逻辑思维形式并对一切逻辑思维形式都有效的逻辑规律就是逻辑思维的基本规律。

而仅存在于某些或某一逻辑思维形式并仅对这些逻辑思维形式有效的逻辑规律，则称为逻辑规则，比如定义规则、划分规则、三段论的规则等。而逻辑思维的基本规律有四条：同一律、排中律、矛盾律、充足理由律，本章将分析逻辑学的这四个逻辑规律。

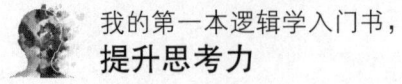

消除判断中的模糊：同一律

同一律是形式逻辑的基本规律之一，就是在同一思维过程中，必须在同一意义上使用概念和判断，不能在不同意义上使用概念和判断。

同一律的基本内容与逻辑要求

同一律的基本内容是：在同一思维过程中，每一思想必须与其自身有同一性。

同一律可用公式表示为：如果A，那么A，即"A是A"，可记为"A→A"，它表示在同一思维过程中，每一概念、每一命题都必须是确定的，都必须与自身保持同一。

根据同一律的基本内容，我们可以将同一律的基本要求归结为以下两点：

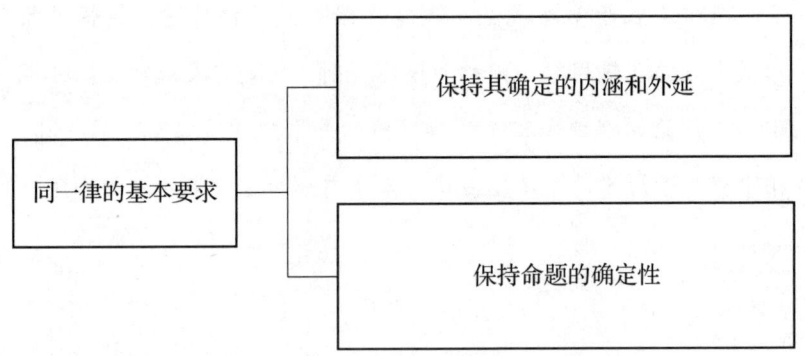

1. 保持其确定的内涵和外延

在同一思维过程，我们表达思想时所用的概念，必须保持其确定的内涵和外延。

也就是说，在同一思维过程中，一个概念，原来指称什么对象就要一直指称这一对象，而不能随意变更。这样，运用概念和命题进行推理的时候，才能保证思想内容的确定性，否则就会发生思维混乱并引起行动上的错误。

2. 保持命题的确定性

在同一思维过程中，不仅要保持概念内容的确定性，而且还必须保持命题的确定性，也就是说，一个命题陈述什么就陈述什么，并且其前后的陈述应当一致。同样，一个命题是真的就是真的，是假的就是假的，也不能随意变更，否则也会发生思维混乱。

同一律要求思维自身保持同一，并不反对思维的发展变化；同一律的逻辑要求，是以同一思维过程为前提的，如果思维过程不同了，时间、条件变化了，对同一对象使用不同含义的概念、命题，很可能会导致结果也发生变化。

因为客观事物发展变化了，人们的思维也要随之发展变化。

违反同一律的要求产生的逻辑错误

违反同一律的要求，就会产生逻辑错误，这样的逻辑错误主要有两个方面。

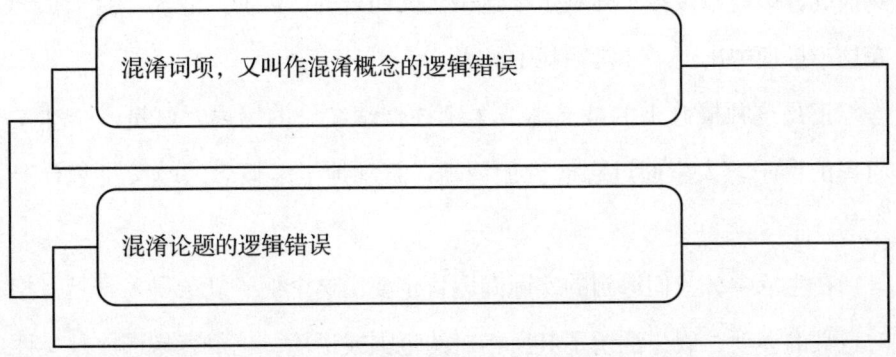

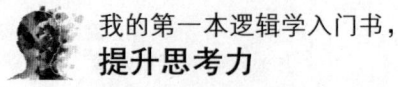

1. 混淆词项，又叫作混淆概念的逻辑错误

在同一思维过程中，不加定义地用同一语词往往可以表达多种不同的含义，指多种不同的对象，它导致了语词相同但表达的词项不同的现象，使混淆词项、混淆概念等逻辑错误的产生成为可能。

往往以同一字眼或同一语词表达不同的词项、赋予同一语词以不同的含义是其典型表现。

有这样一则故事：古代有一男子，一天他的裤子破了一个洞，他回家让妻子为他做一条跟原来一模一样的新裤子，于是他妻子照原来的样式做好后，在裤子原来破的地方剪了一个洞。从逻辑的角度来说，那么，他的妻子违反了同一律。

在使用语词表达词项、指称对象时，如果是无意地违反了同一律的要求，所犯的错误就称为"混淆词项"或者"混淆概念"。

在我们生活中像这样概念混淆的例子有很多，比如："所有的老虎都有锋利的爪牙，去掉了爪牙的老虎也是老虎，所以，失去爪牙的老虎是有爪牙的。"这句话前后明显是矛盾的。为什么会产生自相矛盾的错误结论呢？原因在于两个前提中都出现的语词"老虎"是有歧义的。

在第一个前提中，语词"老虎"就是老虎，之所以称为老虎，应当是有锋利的爪牙的这个意义而言的；在第二个前提中，则是就老虎的一种特殊情况，即对被拔掉了锋利爪牙这个意义而言的。因而"老虎"这一语词在这一推理中出现了非常明显的歧义。

正是这种概念上的歧义造成了上述推理结论的错误。这是一个非常简单的例子，大家通过它能更加清晰、直观地了解概念的歧义是怎样产生的。

在生活中，我们遇到的实际问题肯定要比这个例子复杂得多。具有相对意义的词项，假如混淆了其所相对的范围或语境，也很容易造成歧义性谬误。

比如：蚯蚓是动物，所以，大蚯蚓是大动物；这是一条小蛇，而那是一条大蚯蚓，所以，这条小蛇要比那条大蚯蚓小。这里，"大"与"小"是相对而言的。假如把这种相对概念"大""小"理解成绝对化的"大""小"，就会犯歧义性的逻辑谬误。

除了这些例子之外，还有一些其他的情况，比如：误用近义词造成概念混淆；误用同音字造成概念混淆；把两个表示不同时间的概念混淆；把反映事物的具体内容的概念混淆为事物本身的概念；同音异形的概念混淆；对象的概念混淆。

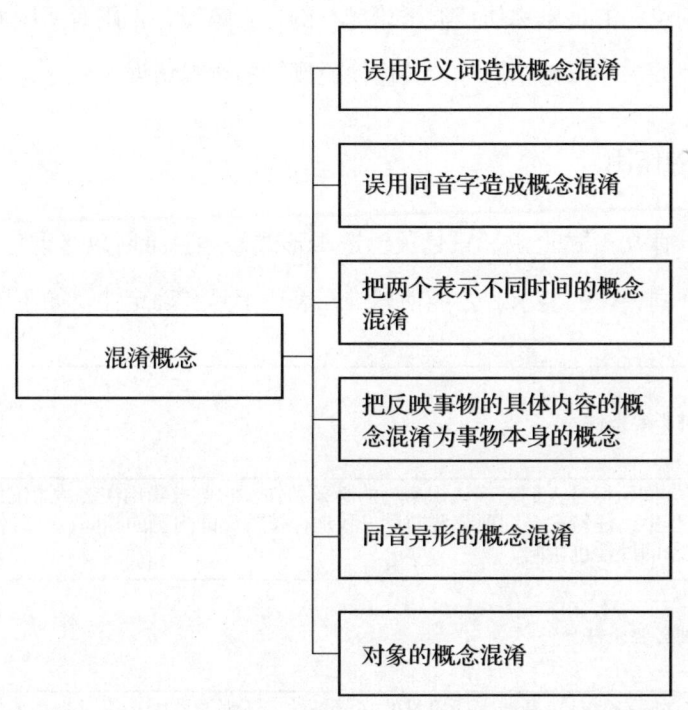

所以，如果是故意违反同一律要求以达到某种目的，就称为"偷换词项"或者"偷换概念"，两者的区别只在违反同一律的动机上而并不在形

式上。

2. 混淆论题的逻辑错误

在没有语境限制的情况下，同一语句可以陈述不同的内容，即它表达的含义有可能是不相同的，这就是语句的歧义性。这就使"混淆论题"逻辑错误的产生成为可能，不自觉地或者无意地以一个似是而非的论题来代替原论题的，称为混淆论题。

这里要注意的是，"混淆论题"的逻辑错误与"偷换论题"的逻辑错误是两个不完全相同的概念。

通常来说，我们把那些在同一思维过程中用一个似是而非的论题来代替原来的论题的现象称作"混淆论题"的逻辑错误，把别有所图而故意违反同一律要求混淆论题的称为"偷换论题"的逻辑错误。

同一律的作用

同一律从形式上说，只是关于逻辑形式表述思维时应当遵守的规律。只有遵守同一律的要求，才能使思维在表述上具有确定性，如下图所示。

第一种必要条件

- 遵守同一律是人们正确认识事物的必要条件，它要求我们在表述思维的同一过程中，任何一个词项都要前后一致地保持含义即内涵的相同，并且使指称对象即外延也相同

第二种必要条件

- 遵守同一律是正确地表达思维的必要条件，还强调着同一律只是在人们运用逻辑形式的过程中起作用的规律，它作用的对象仅仅是人们所使用的逻辑形式，是运用逻辑形式的规律

对于第一种必要条件来说，人们在认识事物的时候，任何一个词项都

要前后一致地保持含义即内涵的相同，并且使指称对象即外延也相同，否则，我们在词项的理解上就要发生混乱。

而任何一个命题都要前后一致地保持意义即内容上的相同和在真假断定上的相同，不然，我们在命题的理解上就要发生混乱。

而词项或命题在理解上的混乱，都将导致思维本身的混乱，从而不可能去正确地进行思维以真实地认识客观世界，不能准确无误地去表达、交流思想，也就不可能在思想交流的过程中及时地发现、揭露和反驳谬论或诡辩。

对于第二种必要条件来说，人们在表述思维的时候，不能把人们对事物的不同观点、不同理解，以及运用词项表示发展并丰富起来的概念、运用命题对同一事物从不同的角度所陈述的不同观点等等都看成是对同一律要求的违反。

这也就是说，不能把同一律和形而上学的世界观一概而论。同一律既不否定客观世界本身的运动性、发展性、丰富多彩性，也不排斥人们在认识客观世界时所持有的辩证唯物主义的观点。

事物的相关性：排中律

排中律是逻辑思维规律之一，排中律的实质是要求人们的思维具有明确性，不允许在"是"与"非"之间模糊不清，否则就很容产生错误的逻辑思维，使人感到晦涩难懂。

排中律的内容和要求

所谓的排中律，是指在同一思维过程中，两个互相矛盾的思想不能都假，必有一真。

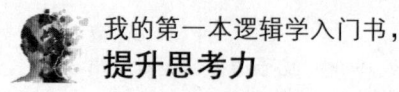

排中律可以用公式表示为"A或者非A"。

若是从排中律的内容来看,排中律逻辑思维的基本规律,适用于两个不可同假的命题中,即适用于具有矛盾关系或下反对关系的命题。

根据排中律的内容以及排中律与矛盾律的区别,我们可以将排中律的要求概括为以下两个方面。

词项方面	• 在同一思维中,排中律要求在用两个具有矛盾关系的词项指称同一对象时,不能将两者都加以否定,必须肯定其中的一个是真的
命题方面	• 在同一思维中,排中律要求不能同时否定两个具有矛盾关系的命题,必须肯定其中的一个是真的

在词项方面,排中律要求在同一思维过程中,在用两个具有矛盾关系的词项指称同一对象时,不能对两者都加以否定,必须承认其中有一种情况是真的。

例如,不能既否定刘某的行为是"重婚罪",又否定刘某的行为是"非重婚罪"。而必须承认刘某的行为或者是"重婚罪",或者是"非重婚罪",二者必居其一。

在命题方面,排中律要求在同一思维过程中,不能同时否定两个具有矛盾关系的命题,必须肯定其中有一个是真的。

例如,命题1:某人正当防卫超过一定限度;命题2:并非某人正当防卫超过一定限度。那么,命题1与命题2是具有矛盾关系的命题。

违反排中律的逻辑错误

在同一思维过程中,如果对表述的两个互为矛盾的命题,或者两个具有下反对关系的命题,既不肯定这个,又不肯定那个,就要违反排中律的要求。

违反排中律的要求而产生的逻辑错误,称为"模棱两可"或"模棱两不可",如下图所示。

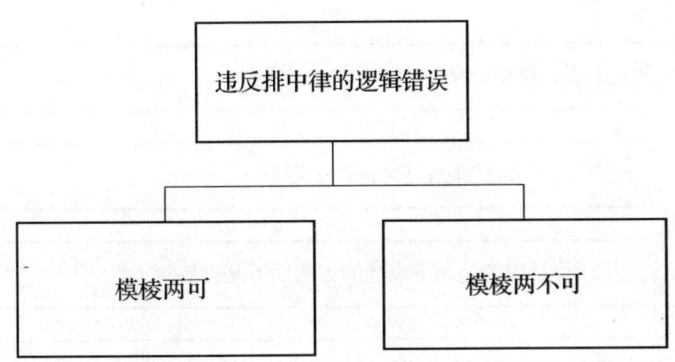

例如,有人陈述自己的思想说,"说任何事物都不是绝对静止的,这我不同意。但说有的事物是绝对静止的,恐怕也不正确"。

这种说法,显然是对"任何事物都不是绝对静止的"和"有的事物是绝对静止的"这两个矛盾命题的同时否定,当然是违反了排中律,犯有"模棱两不可"的逻辑错误。

应当注意的是,在排中律的实际运用中,对具有矛盾关系的两个命题固然可以由肯定推否定,并且由否定推肯定,但对具有下反对关系的命题,却只能由否定推肯定,而不可由肯定去推否定。

排中律的作用

只有遵守排中律的要求,才能正确地进行思维表述,才能正确地进行思维,因此,排中律是正确思维的必要条件,排中律的作用在于保证思维表述的明确性。

此外，排中律也是间接论证的逻辑依据，当我们难以从正面去证明某个命题时，常常可以通过证明该命题的矛盾命题或具有下反对关系的命题为假，从而推出原命题为真命题。

那么，要正确地运用或理解排中律，应当注意下述几点。

- 从形式上说，排中律是正确思维的必要条件
- 排中律在一定的条件下才能产生影响
- 排中律反映的是思维表述的方法而不是世界观
- 排中律对于不能断定的问题，不排除采取"二不择一"的方式
- 排中律在复杂问题的处理上是没有制约作用的

1.从形式上说，排中律仅仅是正确的思维表述从而是正确思维的必要条件

因此，虽然遵守了排中律的要求，但其最终是否正确还要取决于正确思维的其他必要条件。

2.同逻辑形式的其他基本规律一样，排中律也是在一定的条件下才能产生

纵使每一条基本规律都有自己特殊的条件，但绝不能忽略它们的共有前提。例如：同一时间、同一场合、同一关系、同一对象等等这些反映同一思维过程的因素。

3. 排中律反映的是思维表述的方法而不是世界观

排中律并不否认客观事物本身的多样性，而是要排除人们在思维表述上模棱两可，从而使我们对关于事物某一方面的思想有着明确的表述。

4. 排中律对于不能断定的问题，不排除采取"二不择一"的方式

在其实际应用中，对那些因主、客观条件尚不成熟而不能断定的问题，并不排除采取"二不择一"的表述方式，如下图所示。

所谓客观条件不成熟

☐ 所认识的事物仍处于变化当中

☐ 人们尚不能确定

所谓主观条件不成熟

☐ 所认识的事物的本身的属性及同其他事物之间的关系已经确定

☐ 由于自身的认识水平有限导致人们对事物的认识还处于不能断定的状态

（1）所谓客观条件不成熟

客观条件不成熟是指认识对象仍处于发展变化的过程中，对此人们尚不能有定论。

例如对"非典"的预防，我们对命题"非典的预防有特效药或者没有特效药"的任何一支，都不能如排中律所要求那样作出明确的回答，但此时的"二不选一"的回答是并不违反排中律的。

（2）所谓主观条件不成熟

主观条件不成熟是指认识对象的发展变化虽然已处于相对静止的阶段，事物本身的属性、与其他事物之间的关系等等都已经是可以确定的了，但人们本身的认识水平并没有跟上事物的发展，人们对事物的认识还处于不能断定的状态。

例如，对"火星上有生命还是无生命？"，这里的回答却不能简单地

用"有"或者"没有"。因为从主观来说,火星的情况虽说是处于相对稳定的阶段,但因人们的认识水平有限,尚不能达到对火星真实情况的认识,所以在上述问题的回答中我们只能"二不选一"。

5. 排中律对复杂问题的处理是没有制约作用的

而所谓复杂问题,是指在疑问句中隐含了某种假设的问句,例如:"你杀了他是不是心里特高兴?"此时,无论是回答"是"还是"不是",你都实际上承认了那个隐含的假设即"你杀了他"。

所以说,对于这样的问句,我们要做的是避开问题的肯定和否定,而是要针对问题中的假设予以说明,就不能说是违反了排中律。

相关而不重复:矛盾律

"自相矛盾"的成语来源于《韩非子》的记载:"楚人有鬻盾与矛者,曰:'吾盾之坚,物莫能陷也。'又誉其矛曰:'吾矛之利,于物无不陷也。'或曰:'以子之矛,陷子之盾,何如?'其人弗能应也。"

矛盾律的内容和要求

矛盾律也称为不矛盾律,它的内容是:在同一思维过程中,关于同一对象的思想必须始终保持一致,不能自相矛盾,矛盾律要求思维必须具有一致性。

从矛盾律的内容可以看出,矛盾律与排中律作为逻辑思维的基本规律,二者是有其不同适用的范围的。

矛盾律适用于不可同真的两个命题,即适用于具有矛盾关系或上反对关系的两个命题;同时,排中律适用于两个不可同假的命题,即适用于具有矛盾关系或下反对关系的命题。

从矛盾律的内容，我们可以引申出关于矛盾律的两点基本要求，如下图所示。

矛盾律的基本要求	就词项而言，矛盾律要求在同一思维过程中，不能同时用两个相互否定的概念指称同一对象，即"A"和"非A"指称同一对象
	就命题而言，矛盾律的要求是不能同时肯定两个互相矛盾或互相反对的命题同真，必须肯定其中有一个是假的

就词项而言，矛盾律要求不能用两个相互的否定的词项指称同一个对象，并且同一个词项不能包含自相矛盾的东西。例如，"方的圆""可以溶化一切的溶液"等都是违反矛盾律的。

就命题而言，我们不可能对同一命题作出不同的断定，不能既断定它真，又断定它假，因为在同一时间、同一关系上，一个事件不可能既存在又不存在。

因此矛盾律要求：两个互否的命题不可能都真，必有一个是假的。例如：我们不能同时说张三既是"犯罪嫌疑人"，又是"非犯罪嫌疑人"。

违反矛盾律要求产生的逻辑错误

逻辑矛盾是在同一思维过程中对同一对象做出互相否定的表述时所产生的逻辑错误，而互相否定的表述形式可分为相互矛盾的命题和相互反对的命题。

因此违反矛盾律的逻辑错误尽管我们都把它称为"自相矛盾",但在应用时则应分为两种情况去处理,如下图所示。

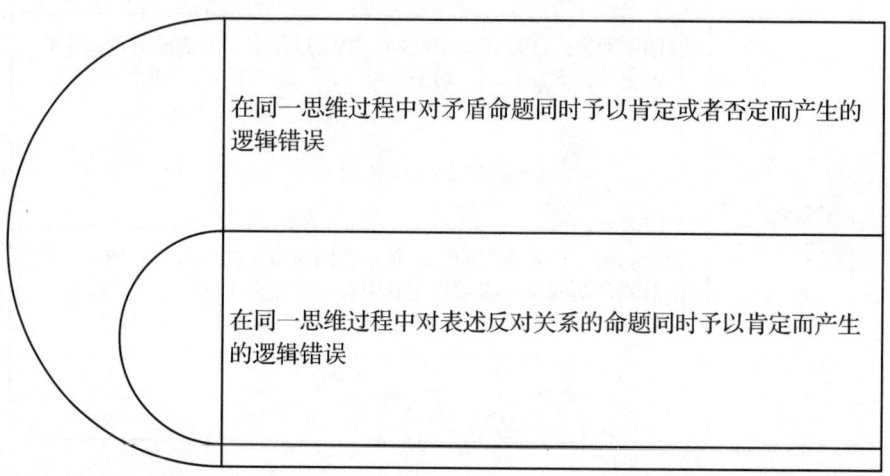

1. 在同一思维过程中对矛盾命题的表述同时予以肯定或者否定而产生的逻辑错误

矛盾命题在真或者假上总是不相容的,我们既不能同时断定它们都真,也不能同时断定它们都假。在传统逻辑中,把在同一思维过程中同时肯定或否定一对矛盾关系的命题产生的错误称为"自相矛盾"。

先哲韩非子曾讲过这样一则寓言故事,生动地反映了自相矛盾的逻辑错误。该故事讲述一个既卖矛又卖盾的楚国人,他吹嘘自己的矛是世界上最为锋利的,可以扎透任何东西;继而,他又炫耀自己的盾是世界上最坚固的,没有任何东西能扎透它,这就犯了"自相矛盾"的逻辑错误。

2. 在同一思维过程中对表述反对关系的命题同时予以肯定而产生的逻辑错误

根据标题中的意思,即违反矛盾律的错误,是在同一思维过程中对表述反对关系的命题同时予以肯定而产生的逻辑错误，并把其依旧归结为"自相矛盾"，这是符合矛盾律的要求的，因为具有反对关系的一对命题本质上是相互否定的，在同一思维过程中对它们都肯定显然是错误的。

但是，矛盾律对具有矛盾关系和反对关系的命题在如何制约上是有区别的，如下图所示。

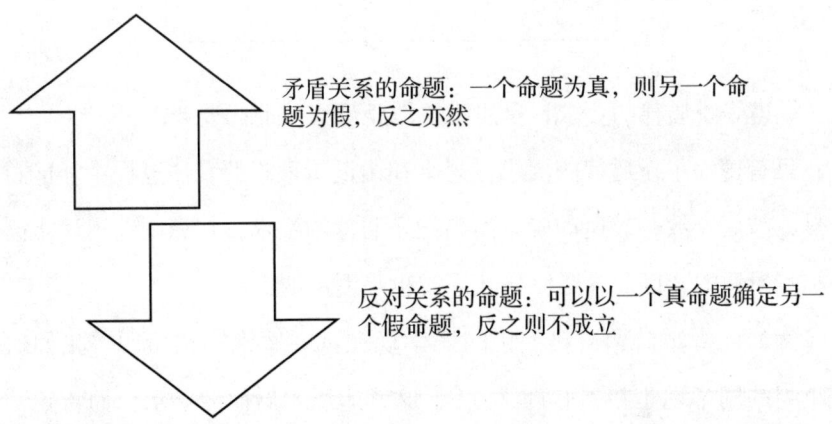

矛盾关系的命题：一个命题为真，则另一个命题为假，反之亦然

反对关系的命题：可以以一个真命题确定另一个假命题，反之则不成立

也就是说，对矛盾关系的命题来说，当其中一个命题为真时，另一个命题则必然是假的，反之亦然；而对具有反对关系的命题来说，矛盾律尽管可以由其中一个命题的真肯定另一个命题的假，但反之却不成立，因为具有反对关系的命题是可以同假的。

这表明，当矛盾律作用的对象是具有反对关系的一对命题时，我们不能由其中的一个命题的假去推断另一个命题的真。

矛盾律的作用

关于矛盾律的作用，有以下两点。

```
矛盾律的作用
├── 遵守矛盾律的要求，是思维得以正确表达的必要条件
└── 矛盾律也是我们进行反驳的一个重要理论依据
```

1. 遵守矛盾律的要求，是思维得以正确表达的必要条件

只有遵守了矛盾律的要求，思维在由逻辑形式的表述过程中才能首尾一贯，前后一致，表达准确。而违犯矛盾律的要求，在思维的表达上必然是相互矛盾的，因此，最终导致思维也是混乱的。

例如：肯定命题"我们班的同学现在都在军训"和命题"我们班第一小组的同学现正在上心理学课"，这就违反矛盾律的要求；而肯定命题"我们班有的同学是党员"和命题"我们班有的同学是非党员"，就不违反矛盾律的要求。

因此，我们可以知道，第一个举例之所以违反矛盾律的要求，是因为在命题的表述上是自相矛盾的；而第二个举例尽管语项是一对具有矛盾关系的词项，但两个命题既无矛盾关系又无反对关系，因此并不违反矛盾律的要求。

2. 矛盾律也是我们进行反驳的一个重要理论依据

人们在反驳一个假命题时，常常是间接地去证明这个假命题的矛盾命题或反对命题为真，从而根据矛盾律去说明原命题的假。

而在确立某个命题的真时，也可以去证明该命题的矛盾命题的假，从而根据矛盾律去说明原命题的真。但此时应当注意的是，所涉及的两个命

题现在必须是矛盾关系而不是反对关系。

充分而不必要的论据：充足理由律

与思维逻辑其他三个定律：同一律、矛盾律、排中律相比，充足理由律可以说是任何命题正确存在的必要条件。

充足理由律的基本内容与要求

在思维过程中，任何一个正确的真实的思想总有它的充足理由。

充足理由律的公式是：A 真，因为 B 真并且 B 能推出 A。这里的"A"表示所要确定为真的思想，也称"推断"，"B"表示确定"A"为真的"理由"。"B"能推出"A"表示"B"与"A"间的逻辑联系。"B"真并且 B 能推出"A"表示"B"既是真实的，又是充分的，是"A"的充足理由。

充足理由律对思维和论证具有两个逻辑要求，具体如下图所示。

理由必须真实

- 理由是证明某种思想或推断为真的根据

理由必须充足

- 理由与推断之间有逻辑的必然联系

1. 理由必须真实

理由是证明某种思想或推断为真的根据，如果理由不真实，靠它支持的推断就会失去基础。

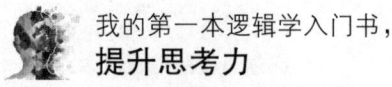

2. 理由必须充足

理由与推断之间有逻辑的必然联系；有些推断，虽然理由是真实的，但理由与推断之间没有必然的逻辑联系，或是理由不充分，那么，同样不能证明推断的真实性。

例如：商家承诺"所销售电脑在一个月内包换，一年内免费包修，三年内免费上门服务，因使用不当造成的故障除外"。某人从该商店购买了一台电脑，三个月后电脑出现问题，要求该商店免费修理。这种要求理由真实，且与要求履行的"承诺"之间也具有必然的联系，因此，这种要求是合理的。

违反充足理由律的逻辑错误

根据充足理由律的要求，违反充足理由律的逻辑错误也有两处："虚假理由"和"推不出"。

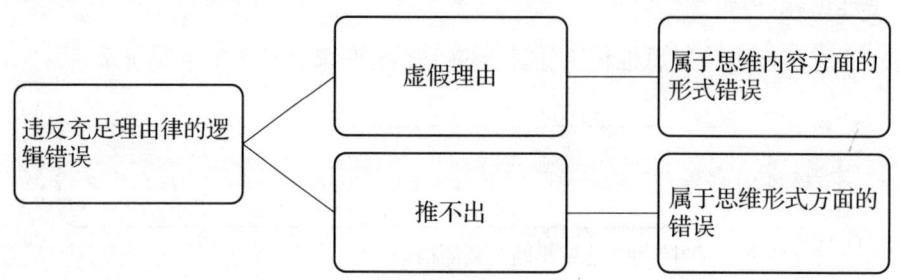

1. 虚假理由

所谓虚假理由就是用作命题的判断是虚假判断。

在一个推理、论证中，前提或论据是推出结论或证明论题真实性的根据，如果前提或论据虚假，结论或论题的真实性就不会得到证明。即使推理形式有效，从虚假前提推出的结论推断也不能保证是真的。

因此，虚假理由属于思维内容方面的非形式谬误，是违反充足理由律的。

例如：宇宙在时间上是有开端的，因为宇宙是上帝创造的，上帝创造的东西在时间上是有开端的。虚假理由属于思维内容方面的非形式错误。

2. 推不出

所谓"推不出"就是作为理由的判断或命题的前提虽然是真实的，但是，与推断之间没有必然关系，或者理由不充分，从而理由的真推不出论题的真。"推不出"属于思维形式方面的错误。

"推不出"的逻辑错误的特点就是，即使理由是真实的，也不能得出推断是真实的。论辩中的"蛮不讲理""强词夺理"等错误，大都属于这类逻辑错误。

例如："其子善游"与"其父善游"缺少必然逻辑联系，因为父亲"善游"，儿子不一定"善游"。

正确运用充足理由律

我们要正确运用充足理由律，并且要充分发挥充足理由律的作用，如下图所示。

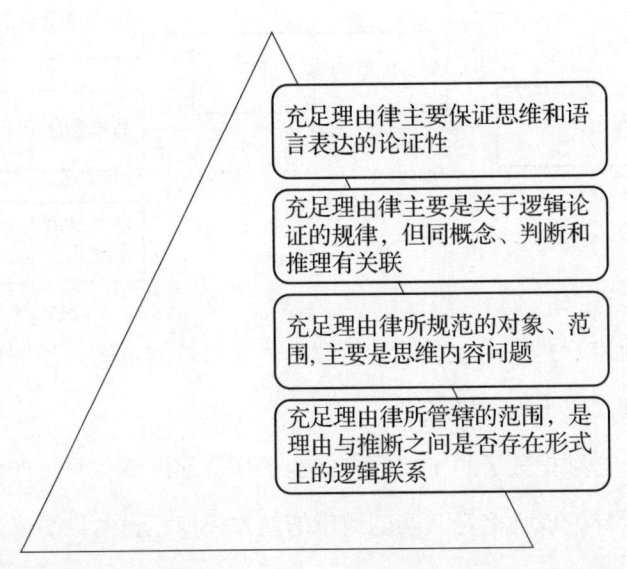

来判断一篇文章、一次讲话是否合乎逻辑，充足理由律是其衡量标准，是逻辑证明与反驳的逻辑基础。

只有遵守充足理由律，思维与表达才富于论证性，才能"言之成理，持之有故"。违反充足理由律，任何学说、理论，都无法建立。因此，充足理由律主要是保证思维和语言表达的论证性。

如果论证违反了充足理由律，那么就可能是由于概念混乱，或判断虚假，或推理无效造成的，也可能使论题与论据失去逻辑联系。充足理由律主要是关于逻辑论证的规律，但同概念、判断和推理等其他思维形态，也有不同程度的联系，因为论证是概念、判断和推理的综合运用。

充足理由律所规范的对象、范围，主要是思维内容问题。理由是否真实、是否充分，理由与推断之间是否相干，是否具有客观实际的本质联系，这些都是思维内容的问题。

但是，逻辑的基本规律，都是思维形式方面的规律，与思维内容无关，如下图所示。

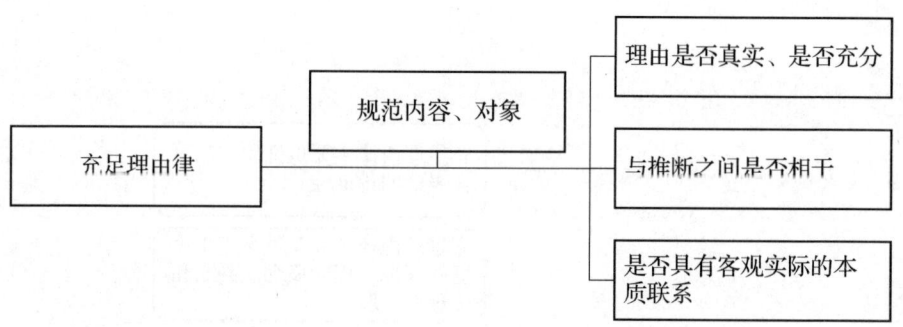

作为思维形式基本规律的充足理由律所管辖的范围，是理由与推断之间是否存在形式上的逻辑联系。

同时，必须把关于思维内容方面的东西全部撇清，充足理由律才能与其他规律一样，成为名符其实的逻辑的基本规律。当然，要改造旧的传统的充足理由律，必须重建新体系，这是一个长期过程。

充足理由律的作用

充足理由律的主要作用就是语言表达和保证思维的论证性，只有具有论证性，才有说服力，人们说话、写文章、著书立说才能"言之有理，持之有据"。

如果违反了充足理由律，一个观点、学说、理论，没有充足的理由支持，那就会缺乏论证性，就会没有说服力而不能成立。

例如，"张老师没有来上课，肯定是生病了，因为他上次没有来上课也是生病了"，这个推断就不能成立，因为"他上次没有来上课也是生病了"，并不能推出这次没有来上课，"肯定是生病了"的结论，这两者之间没有必然的逻辑联系。

在论述完充足理由律以后，还有一个问题需要阐述一下，那就是逻辑基本规律之间的关系和意义，如下图所示。

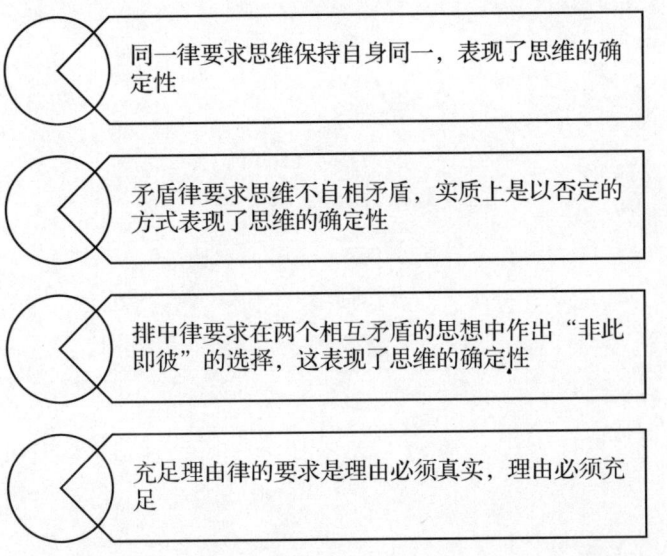

所以，逻辑各基本规律之间是有密切联系的，它们是从不同的角度反映思维确定性和论证性。

同一律、矛盾律、排中律都是保证思维确定性的，充足理由律是思维论证性的保证，是前三条规律的必要补充，保持思维的确定性，并进一步指出理由与推断之间的联系具有必然性、论证性，为理由的真实性、推断的合逻辑性和思维确定性提供可靠的基础。

总之，四条规律是一个正确思维所必须遵守的基本条件。只有遵守这四条规律，才能做到概念明确、判断恰当、推理有逻辑性和论证有说服力，才能判定一个思想是否合乎逻辑。这是人们正确思维的必要条件，同时也是科学论证的有力工具。

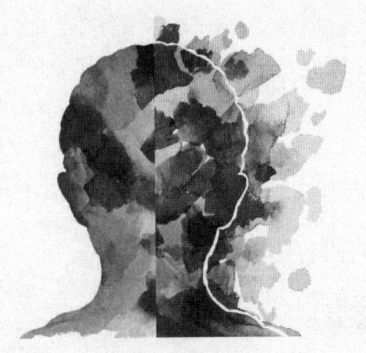

第3章
难以避免的逻辑错误

逻辑错误,一般是指思维过程中违反形式逻辑规律的要求和逻辑规则而产生的错误。如"偷换概念""偷换论题""自相矛盾"等。

无论使用什么概念和命题,进行何种推理和论证,逻辑都有其自身的规律,我们都必须遵守最基本的逻辑规律。否则,人们的思维就会出现错误,而且会一不留心就掉进别人的语言陷阱。

而稍微了解一些常见的逻辑错误会让人的思路变得清晰很多,也就是逆向思维理解逻辑错误,避免在生活和工作中陷入各种复杂的逻辑陷阱,特别是在网络时代,有很多的信息和评论发表,我们要通过自己的逻辑思考来辨别里面的真伪。

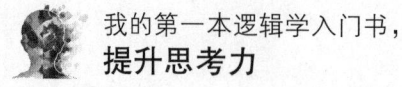

语言陷阱：一不留心就掉进去

在我们日常生活中，经常会难以避免逻辑上的错误，这会使得我们一不留神就掉进别人的语言陷阱中。

常见的逻辑错误有很多，如下图所示。

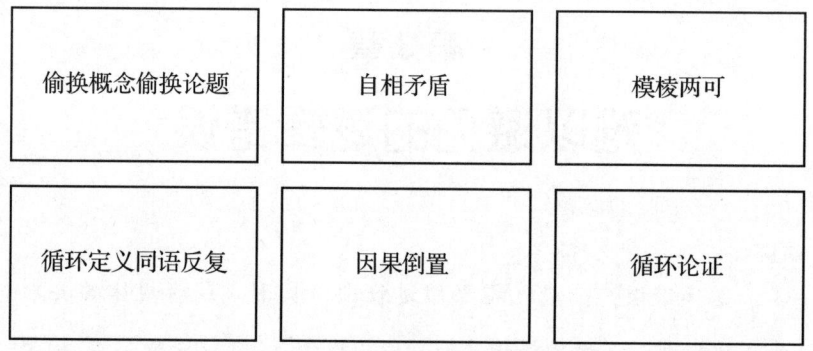

下面就以其中的几个概念为例，进行简单的阐述。

偷换概念、偷换论题

在同一思维过程中，每一个思想必须与其自身保持同一，这是同一律的要求。可用公式表示：A 是 A，A 表示一个概念或命题。在同一语言环境中，它不能既反映此类对象，又反映彼类对象。

所以，所谓偷换概念，是指在概念上有意识地违背同一律的要求而出现的逻辑错误。其特点是有意不明确某个概念的含义，进而在这个概念中塞进新的含义。例如：一天，我的朋友看到服装商家贴出"买一赠一"的促销广告，买了一件西服却只赠了一条领带，这个行为就是"偷换概念"的把戏。

在概念的运用方面，有的人是不了解某个概念的确切含义，以至于在后面运用这一概念时改变了这一概念的含义，这种错误叫做"混淆概念"（混淆概念的内容在第2章第1部分中做过介绍，这里再次进行详细介绍和对比）。

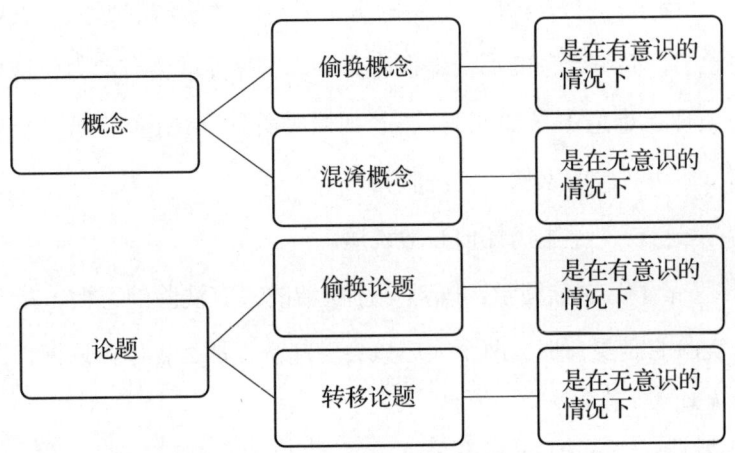

根据同一律的要求，一个命题必须具有确定的"真""假"意义。在同一思维过程中一个命题肯定（否定）什么就肯定（否定）什么。通常我们把所要说明或论证的问题无意识地变成了另外的问题的情况，称为"转移论题"。

在命题上，有意识地违背同一律的要求而出现的逻辑错误，逻辑上称之为"偷换论题"。其表现是有意识地改变论题内容，偷梁换柱，从而达到某种目的。例如，司马光说："我要去看花灯。"司马光夫人说："家中这么多灯，何必去看？"

再例如，一个学生向老师请教："请告诉我，到底什么是诡辩？"老师笑着让这个学生坐下，然后问他："假设沙漠里有两个行人，一个灰头灰脸，一个干净整洁，当遇见绿洲的时候，你认为谁会去洗脸呢？"

学生不假思索地回答道："当然是那个灰头灰脸的家伙了。"

"你错了,应该是干净整洁的那位会去洗脸。因为爱干净的人不管身在何处都要求干干净净的,而邋遢的人情愿像猪一样赖在泥地中,也不会去把脸洗干净。你好好想一下,到底谁会去洗脸呢?"

学生回答:"那位干净的。"

"你又错了,应该是灰头灰脸的那个人。干净整洁的那位不需要再去洗一把脸了,而脏兮兮的那个却很有必要。有需要就会有动力,这是做事的惯常道理,难道不是如此吗?"老师微笑着继续说道,"你再想想,是不是那位灰头灰脸的家伙会去洗脸呢?"

"就是这样。"学生满怀信心地说道。

"你又错了,这位同学。既然干净整洁的人有洗脸的习惯,灰头灰脸的人有洗脸的需要,那么两个人应该会一起洗。那么,你再说说,是不是这两个人都会去洗脸?"

"是这样吧。"学生已经没有底气了。

"还是错,两个人都不会去洗脸,因为干净整洁的人没必要洗脸而脏兮兮的人不喜欢洗脸。"

学生已经懵了。这时候,睿智的老师对他说:"瞧,这就是诡辩。"

因此,在某种程度上,诡辩也是一种偷换论题。

自相矛盾

在同一命题中,两个互相矛盾或互相反对的思想不能都是真的,其中必有一个是假的,这是矛盾律的要求。

违反矛盾律的要求而出现的逻辑错误,称之为"自相矛盾"。例如:那个著名的故事——韩非子曾讲过楚人的矛与盾的故事,他犯的错误就是典型的自相矛盾。

模棱两可

在同一思维过程中,如果此命题不反映某一对象,那么彼命题便反映这个对象。

所以,排中律要求两个相互矛盾的思想不能都是假的,其中必有一个是真的。如果违背了这一要求,那就犯了"模棱两可"的逻辑错误。由于这种逻辑错误的特征是对两个相互矛盾的思想都予以否定,因此,又有人把这种错误称为"模棱两可",如下图所示。

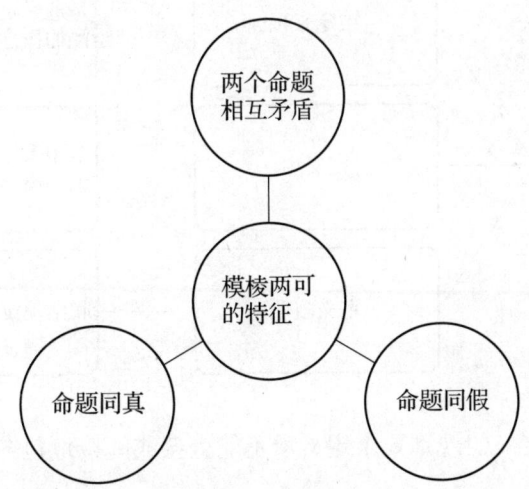

例如:楚人夸口自己的矛与盾,当别人反问他"用你的矛穿你的盾如何"时,他既没有做出"我的矛能穿过我的盾"的回答,也没有回答"我的矛不能穿过我的盾"。

从逻辑上讲,他的沉默就违反了排中律,也就是说,楚人回答任何一句都违反了矛盾律,一句不回答又违反了排中律。

循环定义、同语反复

定义是用简明的语句概括地说明对象的本质属性，是揭示概念内涵的逻辑方法。定义由被定义项、定义项和定义联项三部分组成。

被定义项就是通过定义来揭示其内涵的概念；定义项就是用来揭示被定义项内涵的概念；联结被定义项和定义项组成定义的概念是定义联项。为了方便理解，可看下图。

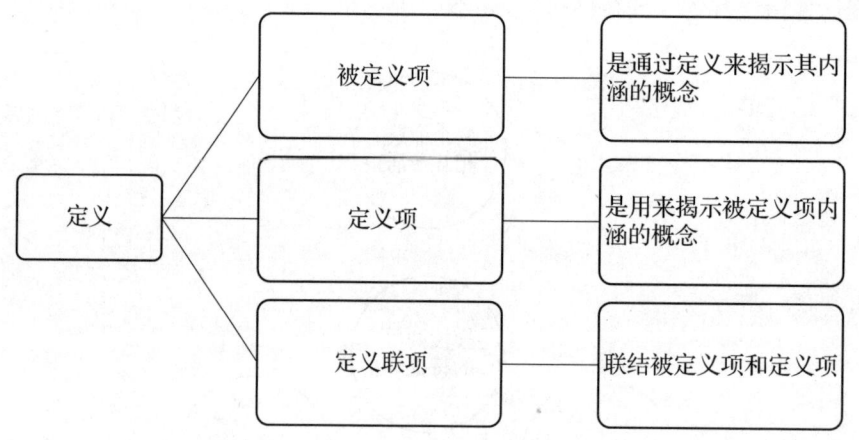

那么，下定义的规则要求定义项不能直接或间接地包含被定义项，如果直接包含被定义项，那就犯了"同语反复"的逻辑错误。例如：乐观主义者就是乐观地对待生活的人。

如果间接包含被定义项，那就犯了"循环定义"的逻辑错误。例如，如果把丈夫定义为妻子的爱人，那么，妻子就是丈夫的爱人。

因果倒置

如果一种现象的存在必然引起另一种现象发生，那么这两种现象就具有因果关系，其中，引起方叫做原因，被引起方叫做结果，所以，"有因才有果，无因便没有果"存在一定的逻辑。

那么，所谓的因果倒置是什么呢？

在我们追求真理的过程当中，抑或是当我们得到结果的时候，往往因为结果看起来像是原因或者更像其他的因素，使我们的思维发生了倒置的想法。这是主观的意向，而非事实如此。

但是，原因和结果在同一思维过程中是相对的，原因就是原因，结果就是结果，不可互为颠倒。

循环论证

论证就是用几个真实命题确定另一命题真实性的过程。论证有一条重要原则，即论据的真实性不应依赖论题的真实性，因为就这两者来说，不能互证真伪，违反这一规则所犯的逻辑错误，称为"循环论证"（关于循环论证的内容，请回看第1章第1部分）。

以上，就是我们着重介绍的日常生活中最常见，也是我们最常犯的逻辑错误，为防止掉入别人的语言陷阱中，我们一定要多加防范，避免犯这些逻辑错误。

引用逻辑：亚里士多德就是我的标签

通常为了人们更加容易地理解一个概念或说明概念的性质，我们通常会给概念下一个定义。

例如，正当防卫就是面对现实生活中的不法行为之侵害，用以保卫自己或者他人的正当权利的行为。我们分解一下这段定义，简单来说，正当防卫是一种行为，它有使用的限定范围，不可以滥用。

因此，在给事物下定义的时候，就是要用明确而简单的话语概括事物的性质和特点，进而论证观点或是推理正确。所以说，下定义应该遵循特定的逻辑。但遗憾的是，现实生活中的人们常常忽视这一点。例如，A："狐狸长什么样子？"B："狐狸就是狐狸的样子。"

从上述的对话中可以看出，"定义"其实并没有指出概念的本质特点，只是一味地重复引用他人或者自己说过的话，但就是说不明白，而且在逻辑上也不成立。逻辑学家指出，重复的引用并不能为对象下一个明确的定义或讲清楚道理，不过是简单地原地踏步。这就是犯了循环定义、同语反复的逻辑错误，如下图所示。

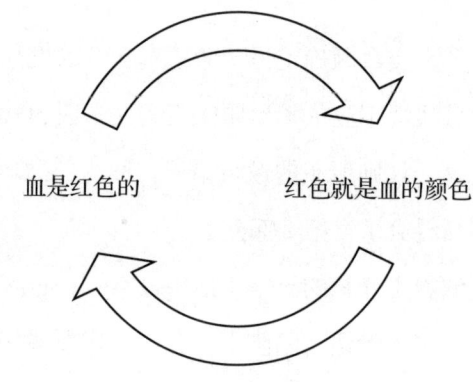

血是红色的与红色就是血的颜色就如同循环定义。

所谓的循环定义、同语反复，就是概念的自圆其说，用自己来说明自己。比如上文提到的A问"狐狸长什么样子"，B回答说"就是狐狸的样子"，其实就是在重复用概念本身，没有给出合理的解答。

有的时候，概念的重复引用会导致误解，但是在话语逻辑术中，引用也并不全是坏处。例如，古人云："不以物喜，不以己悲。"因此，适当地引用可以使话语的道理明白浅显，而且可以避免说话者重复阐释的麻烦，同时也为推理的归纳演绎提供了便利。但是，恰当运用还有一个前提，那就是不可滥用。

众所周知，有的人在说话的时候很喜欢"引用"，他们为了保全自身"顾左右而言他"，或是为了藏起城府而拐弯抹角，导致听话者听了跟没听没有什么区别。于是，逻辑错误不可避免地出现了。

例如，期末成绩出来后，王阿姨很关心地问："胖胖成绩出来了吗？考得如何啊？"

小胖回答说："我是和你们家牛牛一起考的，跟他考得差不多。"

王阿姨听了又问："牛牛考了多少你知道吗？"

小胖说："牛牛的成绩和我差不多啊。"王阿姨见问不出个所以然，顿时很无奈。

听了小胖的回答，恐怕大家都得不出明确的结论，因为他在回答的时候并没有就事论事，而是不断重复引用。

语言逻辑专家认为，假如重复引用并没有说明事物的性质，我们就要避免在下定义和论证的过程中使用这种方法，因为这样不仅不利于解释事物，还会使得对方莫名其妙。

在交流的过程中，要避免犯重复引用或者滥用引用的情况，我们可以从以下三点开始努力。

下定义务必要明确

多运用直线式思维

及时询问，确定对方听清楚了你的意思

1. 下定义务必要明确

由于重复引用是不断使用自身或者他人的言语来自证，因此其定义并不是明确的，仅仅是不断地说自己。如果想让自己的话语更具有逻辑性，我们必须为话语中所提到的概念下一个精确的定义，如下图所示。

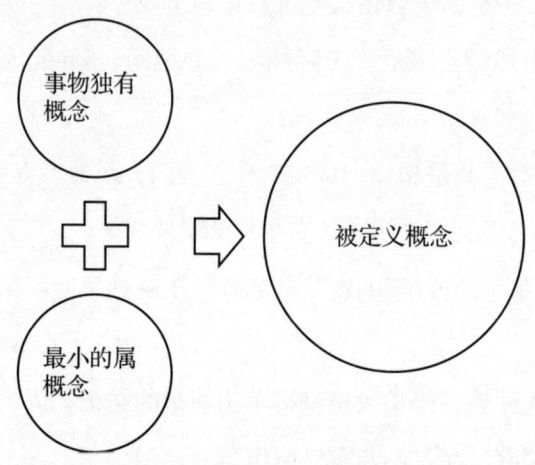

下定义要遵循既定的公式，那就是：被定义的概念 = 事物独有概念 + 最小的属概念。

所谓的事物独有概念，指在同一个概念范围中本概念区别于其他概念所特有的属性，这个属性让它与众不同。所谓的最小的属概念，即被定义概念的最小的从属范围。看起来好像很复杂，其实很简单，请看下面的例子。

A："什么是人？"

B："人是能制造、使用工具来劳动的高等动物。"

在对"人"这个概念进行定义时，上文正确使用了下定义的方法。首先是一种动物，因为人能够制造工具，能够熟练地使用工具来劳动，所以跟其他动物有所区别；动物又分低等动物和高等动物等类型，"人"这种动物所属的最小的属概念就是"高等动物"。

在说话的过程中，要严格遵循上面的下定义的方法似乎有难度。其实,我们并不需要像学者们一样定义严密谨慎,只要我们的思维可以按照一定的逻辑顺序,并使自己的概念清晰明白即可。具体操作,可参考以下两点。

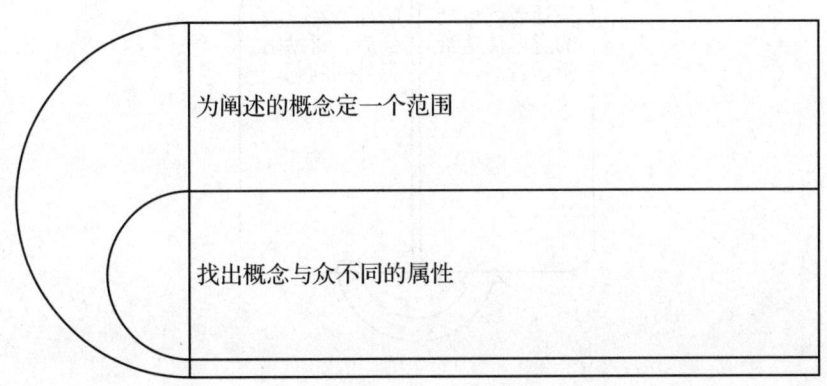

为阐述的概念定一个范围,最常见的范式,比如给"火龙果"下定义,你需要先给它限定一个范围,"火龙果是一种热带植物"。

找出概念与众不同的属性,让对方一听就明白是 A 而不是 B。在说话前应该先考虑清楚,怎样才能将所讲的事物重点突出,使人一听就明白你讲的不同在哪里。然后,使用连接词将两者连接起来即可。

2. 多运用直线式思维

数学公理说,两点之间,线段最短。很多时候,要避免在沟通中犯下兜圈子、重复引用的错误,使用直线式的思维最为有效。那些在生活中直来直往的人,通常最能得到朋友的信赖。

3. 及时询问,确定对方听清楚了你的意思

沟通的过程是说话者将自己的意思传达给听话者,听话者在接收到对方的意思后,再根据理解抛出另外的问题。

沟通是对话双方你来我往的抛球与接球的游戏,假如你只是顾着自己玩,将球不断抛到别处,就会导致听话者接收不到信息。

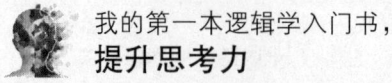

这里，我们可以将沟通的过程简化，如下图所示。

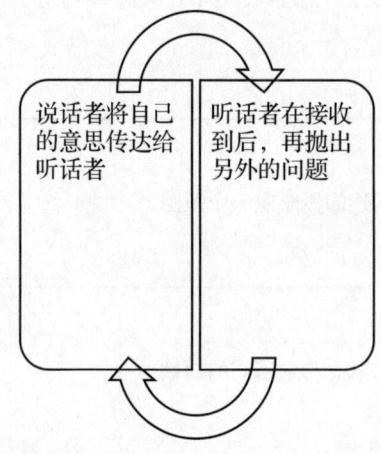

简单来说，在说话和阐述自己看法的时候，我们一定要注重听话者的感受，以对方的理解来推进对话和推理的过程。

偷换概念：说话模棱两可

偷换概念通常是一种不正当论证的诡辩手法，它或是利用同一语词在不同的意义上使用，或是利用两个语词在语义上的相似或部分相同，来达到混淆概念的目的。

所谓偷换概念，是指在思维和论辩过程中自觉或不自觉地违反同一律的逻辑要求，用一个概念去代换另一个不同的概念而产生的逻辑错误。

偷换概念的逻辑思维

偷换概念也是一种常见的诡辩手法，主要有以下几种表现。

第3章
难以避免的逻辑错误

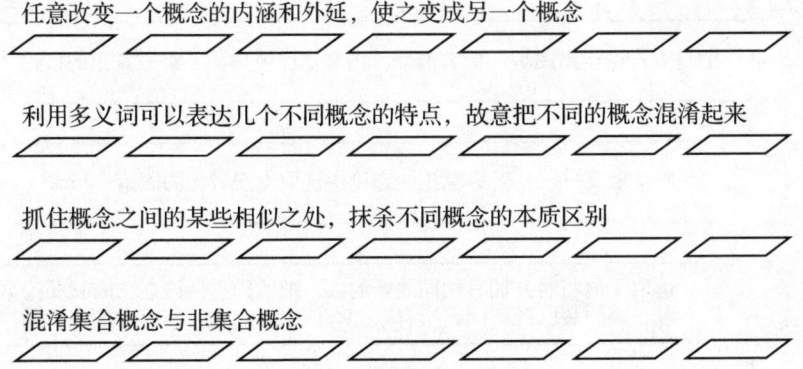

任意改变一个概念的内涵和外延，使之变成另一个概念

利用多义词可以表达几个不同概念的特点，故意把不同的概念混淆起来

抓住概念之间的某些相似之处，抹杀不同概念的本质区别

混淆集合概念与非集合概念

例如，当有人说欧谛德谟克说谎时，他狡辩说："谁说谎就是在说不存在的东西，而不存在的东西是无法说的，所以没有人能说谎。"在他的狡辩中，两次使用了"不存在的东西"这一语词，但其所表达的概念却是不同的。

前者表达的是"不符合事实"的概念，后者表达的是"根本不存在的事物"的概念。他就是故意用后一概念去偷换了前一概念。

偷换概念就是把一件事物的本来意义用狡辩的手法换成另外一种看起来也能成立的解释，混淆是非，把假的搞成了真的，转移对方的注意力，以达到某种目的。偷换概念可以是修辞学的技巧，也可以用来对人们作出游说，但事实上，这只是误导人的谬误，因为对方真正的论据并没有被推翻。

比如，中国的成语："偷梁换柱""以假乱真""混水摸鱼""顾左右而言他"似乎都多少表现了偷换概念的那种意境。再比如，一个杀人犯说，人杀人不犯法，因为人杀猪不犯法，猪是动物，所以人杀动物不犯法，人也是动物，所以人杀人不犯法。这就是偷换概念的典型例子。

以下是一些常见的偷换概念的方法，了解这些方法之后，就要反向思考，避免陷入偷换概念的陷阱。

我的第一本逻辑学入门书，
提升思考力

- 把对方言论作出曲解，把它推翻，再装作已经推翻了对方真正的言论
- 断章取义——从对方真正的言论中选取有误导性的段落
- 选取其他与对方拥有相同立场的人，把他们支持该立场的软弱论据推翻，再假装已经辩倒"所有"拥有该立场的人，从而推翻该立场
- 虚构一个行为和信念遭受批评的人物，再声称该人物为对方言论不可或缺的一部分；过度地简化对方的言论为类比论证，然后作出攻击

　　一些逻辑学书籍只把偷换概念定义为歪曲论点，但现时的用法可以泛指以上的手段。传播媒体有时也会偷换概念以操控传媒资讯。

　　可是，把对方的论点小心地描述和推翻并非经常是个谬误。这个手法可以限制对方论点的范畴，使其离题，或者作出穷举法论证的一步。

模棱两可的逻辑思维

　　在同一思维过程中，如果此命题不反映某一对象，那么，彼命题便反映这个对象。

　　所以排中律要求两个相互矛盾的思想不能都是假的，其中必有一个是真的，可用公式表示：A 或者非 A，A 表示一个概念或一个命题。例如，这个人是学生，他要么属于"中专生"，要么属于"非中专生"，二者必居其一，不能同假。

　　任何命题都具有两种情况，或者肯定某对象具有某种情况，或者否定某对象具有这种情况，二者必居其一，两个相互矛盾的命题不能同假。它要求在两个相互矛盾的思想中，必须旗帜鲜明地承认一个是真的。

如果既不承认这个,又不承认那个,含混模糊,那就犯了"模棱两可"的逻辑错误。由于这种逻辑错误的特征是对两个相互矛盾的思想都予以否定,因此,又有人把这种错误称为"模棱两不可"。

在论证中混淆使用的语词或概念的意义,是偷换概念的常见手法。想清楚的事情未必都能表达得清楚,没想清楚的事情肯定表达不清楚。思想模糊或认识不清是造成含混笼统的一方面原因。有意利用含混笼统的语词或概念来掩盖论证的缺陷,是造成含混模糊的另一方面原因,为了便于理解,请看下图。

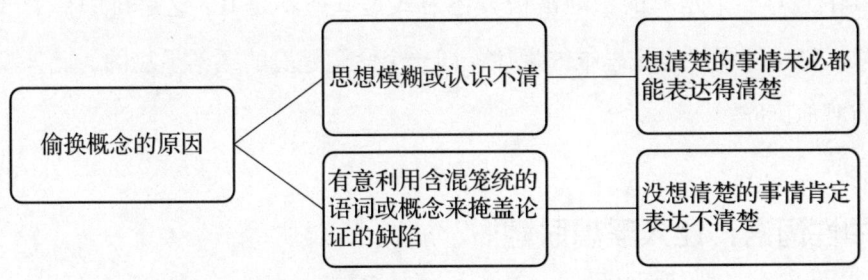

这里,我们还列举矛与盾的案例,楚人夸口自己的矛与盾,当别人反问他"用你的矛穿你的盾如何"时,他既没有做出"我的矛能穿过我的盾"的回答,也没有回答"我的矛不能穿过我的盾",这就表示他既否定了A又否定了非A,从逻辑上讲,他的沉默就违反了排中律。也就是说,楚人回答任何一句都违反了矛盾律,一句不回答又违反了排中律。

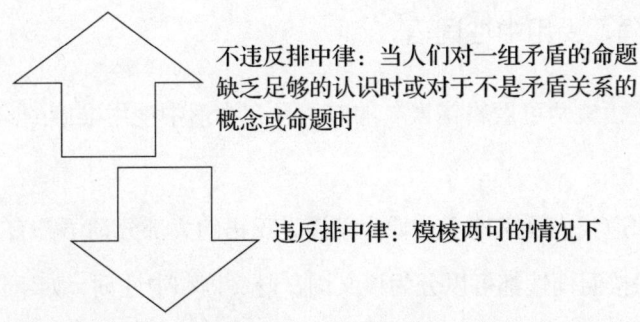

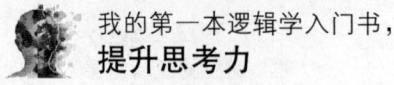
我的第一本逻辑学入门书，
提升思考力

当人们对一组矛盾的命题缺乏足够的认识时，不能明确地肯定什么或否定什么，这种情况不能诊断为违背了排中律。比如"火星上有生命""火星上没有生命"，这是一组矛盾命题。虽然其中必有一真，但人们却不能明确表态。

另外，对于不是矛盾关系的概念或命题，都加以否定，也不是违反了排中律。如"今天不会下雨也不会下雪"。"下雨"或"下雪"不具有矛盾关系，所以可以同时否定。

模棱两可违反的是排中律原则。两个相互矛盾的思想不能都是假的，其中必有一个是真的，通常被表述为A是B或不是B，这是排中律的要求。排中律同时也是思维的规律，即一个命题是真的或不是真的，此外没有其他可能。

中性词语：让人浮想联翩

学会运用灵敏而又准确的逻辑语言，是避免掉入陷阱的基础。

中性词，是一种通用词，褒贬之间通用，主要是根据一句话和一件事情的程度和结果，来判断是褒义还是贬义。

在生活中，为了避免这种中性词的出现而引来的尴尬和误会，我们应该多使用一些色彩分明的词语。

言辞要准确，少用中性词语

避免"模棱两可逻辑错误"的方法是在说话中使用准确的言辞，少用中性语。

我们知道我们国家的汉语博大精深，汉语的大部分词语都有词性之分，所有的词语按照词性都可以分为褒义词、贬义词和中性词，如下图所示。

第3章
难以避免的逻辑错误

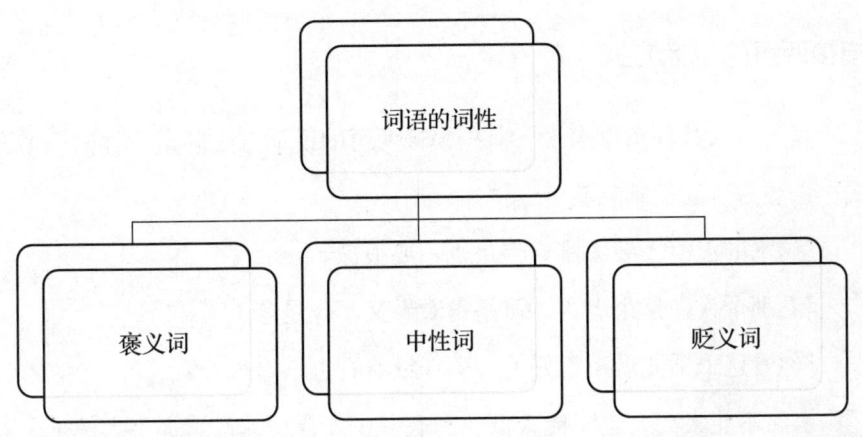

这三种词性中,其中有一个是不带感情色彩的,即中性词。所谓中性词,可以说是一种万能的词语,这类词语既不是褒义词也不是贬义词,有时能用做褒义词,有时又能用做贬义词。但是,这类词语很容易令人曲解,而且这类词语的使用很宽泛,换了语境意思就不同了,很容易产生歧义。所以,这类词语很容易惹出祸事。

例如,夏雨和刘星一起参加一个比赛,结果夏雨得了奖,刘星却名落孙山。但是因为两个人同在一个学校,尽管刘星没有拿奖,他也很替夏雨高兴。在班里刘星一直沉默不语,忽然有一位同学问刘星:"你觉得夏雨这次比赛怎么样呀?"刘星说:"我很高兴啊,每次一看到夏宇,就有很骄傲的感觉。"

这句话刚好被夏雨听见,他感觉很生气。他理解为刘星批评他拿了奖后有些骄傲了,应该谦虚点儿。骄傲就是典型的中性词。

在生活中,看似简单的一句话就可能引起很大的误会,有时候其实自己的立场很明确,但是因为使用了一个中性词,就导致自己的话被别人误解了。为了避免这种情况的发生,我们要多使用感情色彩分明的词语,并尽量避免使用中性词语。

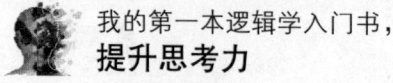

模棱两可的说话方式

其实,从某种角度来说,有些模棱两可的说话方式就是中性的说话方式,也经常让我们感到头疼。例如:

"这水的温度不要太高,但是也不要很凉。"

"看那个人像是个老人,可是再看看又不像是老人。"

"你看这个活儿做得挺好的,但仔细看看也不是很好。"

水温不能太高,也不能太低,到底多少才合适呢?看那个人像是个老人,可是再看看又不像是老人,那到底是还是不是呢?每当听到这样的话时,是不是就会产生疑问,说话者究竟在表达什么意思呢?

现在回想起来,你是否也经常说类似的话?你是否觉得它们也有问题?很多人习惯在肯定一件事情的同时也否定了这件事,到最后,倾听者也不明白到底是肯定还是否定,似乎理解为肯定和否定都是对的。

所以说话的模棱两可才是我们中国人说话逻辑错误的真凶。语言逻辑专家提出,要应对生活里的模棱两可的逻辑错误,可以从以下两点入手。

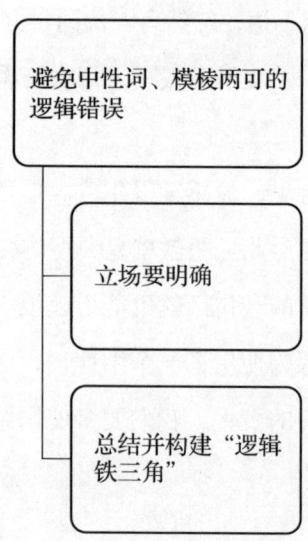

1. 立场要明确

切忌"都可以"。一个成功应对模棱两可的方法是要明确自己的立场。请看下面的事例：小王让同部门的小李采购一些办公用品。可在买纸的时候，小李问小王："都需要买什么纸?"小王说："都行。"这导致小李买错了。

从事例中就可以看出小王的立场不明确，自己要用纸却不跟同事说清楚，导致买错了。在平常说话时，我们也经常会说"差不多""都行""都一样""都可以"，但其实真的如此吗？不管对人对事，你一定要有明确的立场，只有明确了自己的立场，才能避免发生模棱两可的逻辑错误。

2. 总结并构建"逻辑铁三角"

构建"逻辑铁三角"的方法如下图所示。

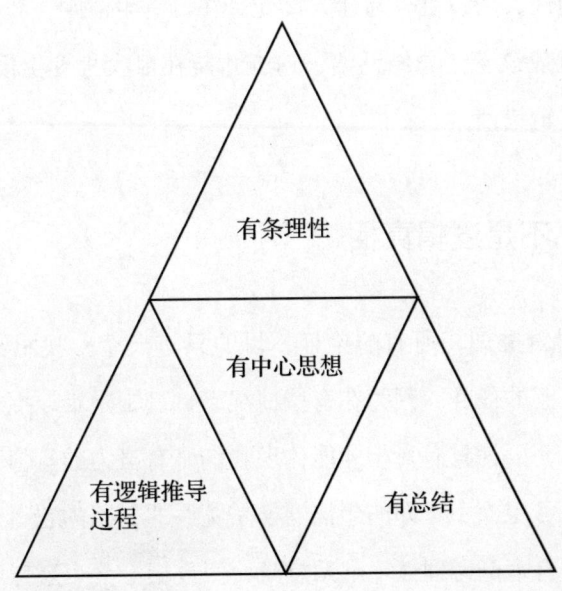

也就是说要学会总结，要注意把零散的词句总结得有条理性，有逻辑推导过程，有中心思想，也有总结的结论，让自己的语言像个牢固铁三

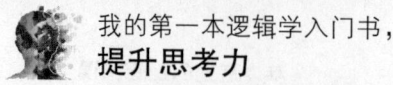

角，不让别人有空子可钻。

例如，小张所在的公司要求全部员工都给公司提意见。于是小张这样写道："办公室的厕所总是没人打扫，同事对此都有意见；另外，里面的垃圾桶也没有人清理。饮水机离办公区太远了，非常耽误时间。还有厕所里的卫生纸时而空时而有。"

这样的话，是不是没有条理性，东一句，西一句，从厕所一下子跑到了饮水机，又从饮水机跑回了厕所。要是这样说呢："办公室的厕所总是没人打扫，垃圾桶也没有人清理，还有里面的纸也经常是空的。饮水机的距离有些远，喝水非常不方便。我的意见是，公司应该请保洁负责擦玻璃、打扫厕所、倒垃圾和更换卫生纸，然后把饮水机挪到离办公室近一些。"

后面这段话和前面那段话意思一样，但后面的话加上了总结的话语，也分出了条理性，所以更容易让人接受。在日常生活中，我们要成为语言逻辑高手，就应该善于总结话语，这样才能在很大程度上规避中性词语、模棱两可的逻辑错误。

本体真相：不是逻辑真相

所有的逻辑推理，所有的论证，目的只有一个：找出某个事物的真相。这是个艰巨的任务，因为在有些情况下，真相是难以捉摸的。但不探寻真相更荒谬，因为只有真相才能体现我们所有努力的价值意义所在。那种真相永远是可望而不可即的想法同样是荒谬的，因为它否定了我们所有的努力，使之看来毫无理性、毫无意义，使真相沦落为妄想。

真相有两种基本形态，一为本体真相，二为逻辑真相。

1. 本体真相

本体真相更为基础，因为事物是比事件更为基础的事实。顾名思义，所谓本体真相，指的是关乎存在的真相。某个事物被认定是本体真相，如果它确实是，则必然存在于某处，即本体真相表明事物是客观存在的。

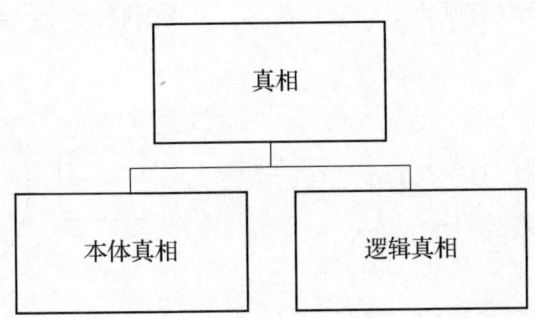

例如，桌上有一支笔，这是本体真相，因为它确实是在那里，而不是幻象。本体真相的对立面是虚假的幻象。

值得注意的是，本体真相是更为基础的真相，逻辑真相必须建立在本体真相的基础上。

2. 逻辑真相

逻辑真相，如你猜测的那样，是逻辑学家直接关注的真相形式。逻辑真相仅仅是关乎命题的真理性。更宽泛地说，它是在我们的思维和语言中自动呈现出来的真相。让我们仔细考察一下逻辑真相的概念。关于这一点，我们很快会认识到它的重要性。

之前我们也对"命题"这一概念进行过简单的介绍：一个可以作出真假判断的语言表述。肯定一个命题就是判断它为真，反之亦然。

一个命题如果真实地反映了客观事物，那么它就为真，即观念与本源完全耦合。例如一个命题说，一只狗在码头上。如果事实上确实有一只狗，也确实有一个码头，而这只狗又确实在码头上，那么这个命题就是真的。

因此，一个真命题的作用，就是以语言为媒介，将大脑中的观念，即

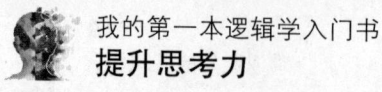

主观事实,与相应事物的真实状态,即客观事实或本源联结起来。如果上述命题所说的与现实情况并不相符,则命题就是假的。也就是说,命题的真假表明了观念与客观事实的联结状态,为真则联结,为假则断开。

无论在哪种情况下,对真相的确认都要去检查别人所认定或推测所得的真相在现实中是否存在依据。确认真相就是要达到主观与客观的统一。但是这里我们所要关注的焦点是事物的客观情况。

如果我们不能确认一个命题的真假,比如说"笔在桌子上",那么仅仅在大脑中反思笔、狗或者其他相关概念是无助于我们解决这个问题的,我们得亲自到房间去看看笔是否在桌子上。从这一点也可以清楚地看出,为什么我们说本体真相更为基础。正如上文所述,决定命题真假的依据是现实情况,而逻辑真相是建立在本体真相的基础之上的。

让我们来看看谎言。其实撒谎是一个心理问题而非逻辑问题。当人们撒谎时,脑子里其实很清楚现实世界中的真相是什么,而在表述时却有意地欺瞒篡改。用符号来表示就是说,你知道"A是B",但你说出来的却是"A不是B"。

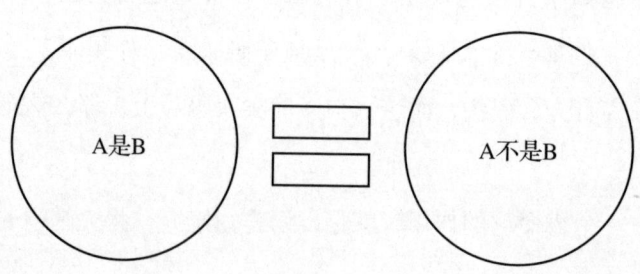

正如我们所见,逻辑真相,反映的是命题内容与客观事实之间的关系。所以,对真相的本质的理解就顺理成章地称为符合论。另一理论——融贯说,则从属于符合论。

融贯说意指,如果一个命题与某个已经得到证明的理论或思想学说一致(相融贯),那它就是真的。

以爱因斯坦的相对论为例,如果说某个关于物质世界的特殊命题是真的,那是因为它与相对论是一致的。使这个命题逻辑上正确的正是相对论本身,因为相对论被认为是真实地反映了物质世界客观规律的理论,它与真实的物质世界是相复合的。我们可以看到,融贯说如果想成立,必须依靠符合论,因为符合论更为基础。

但值得注意的是,依据融贯说得出的结论可能是非常荒谬的,因为它所依赖的基础并非客观世界中的现实情况,而是某种理论或思想学说,而任何理论或思想学说都可能是错误的,或者已经过时,与现实世界并不相符。

当然,那种真相永远是可望而不可即的想法同样荒谬,因为它否定了人类的一切努力,使之看来毫无理性、毫无意义,并且使真相沦落为一种妄想。

第二篇
解密逻辑思维

第 4 章

逻辑思维，化繁为简找到问题本质

　　求易思维，顾名思义就是把事情简单化。乍听之下，有人可能会说这是一个贬义词，其实在大部分情况下，简单化并没有错，不仅不应否定，从某种意义上来说，还值得充分肯定。

　　人们都希望能将纷繁庞杂的现象和事物抽象化、简单化，甚至概括成几句话或几个字，因为它不仅是一种最行之有效的思维方法，而且还是一种本领。

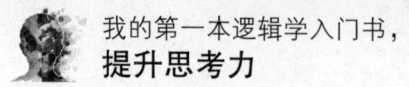
我的第一本逻辑学入门书，
提升思考力

区分逻辑思维与非逻辑思维

按照思维过程是否遵循一定的逻辑规则为标准，可以把思维分为逻辑思维和非逻辑思维。

逻辑思维方法是人类思维的一种基本的方法，也是人们获得间接性的知识或探求新知识的逻辑工具。

非逻辑思维方法是既遵循逻辑又不遵循逻辑的一种思维方法，是思维逻辑没能被形式化、规范化的一种思维方法。

逻辑思维方法与非逻辑思维方法具有不同的性质、特点和作用，它们各有其优势，缺一不可。

熟知逻辑思维

逻辑思维是指在严格遵守逻辑规律，并逐步分析与推导的情况下，得出合乎逻辑的正确答案和结论的思维活动，逻辑思维是科学思维的一种最为普遍、最为基础的类型。

而逻辑思维方法是指在概念的基础上进行判断、推理的思维方法，是人类思维的一种基本的方法，它为人们获得间接性的知识或探求新知识提供必要的逻辑工具。逻辑思维方法主要包括下图中的几种。

逻辑思维方法
- 分析法与综合法
- 归纳法与演绎法
- 抽象法与具体法

1. 分析法与综合法

所谓的分析法，就是在思维过程中把对象的整体分解为各个部分、要素、环节、阶段并分别加以考察的方法。即使是一件很简单的物品，如一只茶杯，也是可分为形状、质料、颜色、用途等许多方面的。分析法的作用并不是简单罗列事物内部的诸方面，而是要认识事物的本质。

而综合法是把在思维中对象的各个方面、要素、环节和阶段有机地结合成整体的方法。综合法也决不是把各个部分机械地叠加和拼凑，而是把思考的对象的各个方面按其内在联系有机地结合成一个统一的整体。

2. 归纳法与演绎法

归纳法就是从个别的推导出一般的方法。归纳法主要有两种，即完全归纳法和不完全归纳法。

演绎法与归纳法正好相反，它是从一般走向个别的思维方法。它的基本特征是，从概念到概念、从判断到判断地进行思维，即从既成的一般性理论中推导出个别性的结论。演绎法的主要形式是三段论法。三段论法，就是从两个判断中得出第三个判断的一种推理方法。

3. 抽象法与具体法

抽象法与具体法，就是从具体到抽象的方法和从抽象到具体的方法。

所谓从具体到抽象，是将感性的具体材料转化为抽象的思维规定。人们对事物的认识是从感性认识开始的，但感性具体尚不能把握对象的本质，必须得经过思维的抽象工作。

而抽象过程主要是通过对事物的分析活动，把整体分解成部分，然后区分开必然的本质的方面和偶然的非本质的方面，从中抽取出各个必然的本质的因素，形成关于事物的抽象的思维规定。

熟知非逻辑思维

关于非逻辑思维，笔者在本书第1章的第4部分做过介绍，这里，为了与逻辑思维形成对比，再次进行介绍。

所谓非逻辑思维是指不受固定的逻辑规则约束，直接根据事物所提供的信息进行整体处理、综合判断的一种辐射性思维方式，它不拘常规，跨越大，转向灵活，因而具有探索性和创造性。它是相对于逻辑思维而言的，直觉、灵感、想象是非逻辑思维的主要表现形式。

但值得注意的是，非逻辑思维作为人类理性的表现，并不是无规律的或不符合逻辑的。非逻辑思维主要特点有下图中的几种。

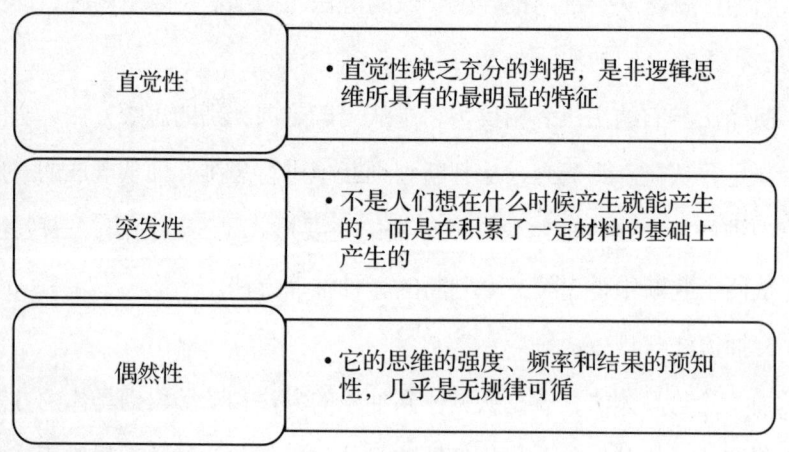

1. 直觉性

直觉性最明显的特征是缺乏充分的判据，因为非逻辑思维是在前提材料不充分的情况下所进行的。

2. 突发性

突发性具有厚积薄发的特点，是在积累了一定材料的基础上产生的，具有非连续性。

3. 偶然性

思维过程具有不规则性，它的思维的强度、频率和结果的预知性，几乎是无规律可循的。

非逻辑思维方法是既遵循逻辑又不遵循逻辑的一种思维方法，主要包括想象思维法、直觉思维法、灵感思维法等思维方法，请回看第1章的第4部分。

逻辑思维与非逻辑思维的区别

首先，从本质上来看，逻辑思维与非逻辑思维，两者存在着本质的区别，如下图所示。

逻辑思维	非逻辑思维
☐ 在理由充足的情况下得出结论的思维活动	☐ 指有不充足的理由作为前提得出结论的思维活动
☐ 它本质属性有确定性	☐ 它是不具有确定性的思维
☐ 或者说是一种明晰性、论证性和符合逻辑思维的规则、规律的属性	☐ 是不符合逻辑思维的规律、规则的思维

其次，从整体和个体的思维发展来说，非逻辑思维的发生在先，逻辑思维的产生在后。非逻辑思维是人本来就有的思维潜质，逻辑思维是人们从亿万次的思维实践中总结出来规范人的思维的。

最后，对于在人们认识事物的作用上，非逻辑思维的作用主要在于提出新思想，逻辑思维的作用在于对新思想做出论证。

但值得说明的是，人们实际运用的思维形式主要是逻辑的与非逻辑的共同使用。

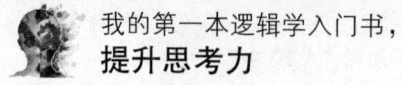

剪不断，理还乱——逻辑思维与语言逻辑

语言逻辑又叫自然语言的逻辑，是以自然语言中的逻辑问题研究为对象的一门新兴学科。逻辑是研究推理的科学，语言逻辑就是研究自然语言中的推理问题的科学。

语言逻辑的发展

随着几十年来现代逻辑的迅猛发展，在深度与广度方面不断延伸。

自然语言逻辑与一般逻辑之间的区别就在于它以自然语言为研究对象，是自然语言的语形学、语义学、语用学三者的综合，如下图所示。

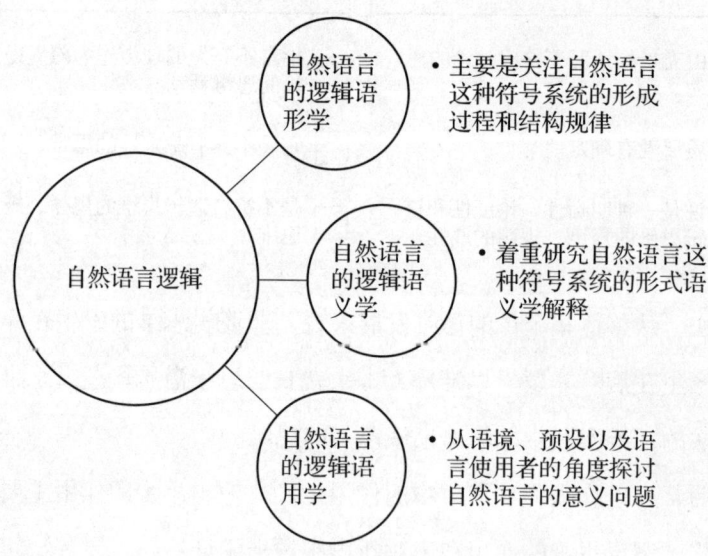

或者说，自然语言逻辑就是关于自然语言的逻辑语形学、逻辑语义学和逻辑语用学。

自然语言逻辑从逻辑符号学的角度，即从逻辑语形学、逻辑语义学及逻辑语用学的角度来研究自然语言，并非像模态逻辑、时态逻辑等那样，必须从自然语言的部分特定词项那里抽象出逻辑常项来作成一个形式推演系统进而讨论关于系统总体性质的逻辑问题，而是考察包括各种词类句型在内的所有自然语言表达式的语义问题。

当然对自然语言的所有意义的问题进行形式处理，自然语言逻辑并没有完全避开自然语言中的推理问题。

在研究自然语言中的推理问题上，可以用描述的方法、说明推理的过程、阐述推理的机制，而形成的语言逻辑可以称为描述的语言逻辑；也可以用形式化的方法、构建形式系统和语义模型，证明形式系统的一致性和完全性，而形成的语言逻辑可以称为形式的语言逻辑。如下图所示。

描述的语言逻辑	形式的语言逻辑
☐ 描述的方法	☐ 用形式化的方法
☐ 说明推理的过程	☐ 构建形式系统和语义模型
☐ 阐述推理的机制	☐ 证明形式系统的一致性和完全性

语言逻辑学的领域范围

说起语言逻辑学的领域范围，逻辑学界的人都提出了不同看法。那么，自然语言逻辑究竟是逻辑，还是语言学，还是逻辑和语言学的交叉边缘学科？

要说明语言逻辑是逻辑,首先必须回答什么是逻辑?而在"什么是逻辑"这个问题上,目前逻辑学界有两种比较突出的观点。第一种观点,逻辑是研究思维的,是研究关于思维的形式结构及其规律的科学;而第二种观点认为,逻辑是研究推理形式的有效性的。

第一种观点是比较传统的,很长时期内一直居于统治地位。第二种观点是针对第一种观点提出来的,其主要目的是为了划清逻辑学和心理学的界限,如下图所示。

什么是逻辑?	第一种观点,逻辑是研究思维的,是研究关于思维的形式结构及其规律的科学
	第二种观点,逻辑是研究推理形式的有效性的

在我国逻辑学界有相当多的人认为"自然语言逻辑不是逻辑",自然语言逻辑是逻辑在语言中的应用,是应用现代逻辑方法来研究自然语言,是属于语言学的范围。因此,他们认为自然语言逻辑不是逻辑。

例如,随着现代逻辑的发展与应用,本世纪在语言学领域中也发生了一场革命,产生了乔姆斯基的转换生成语法和蒙塔古语法,用现代逻辑方法研究语言学,为语言学家展现了一片新天地,从而使语言学研究领域欣欣向荣。

还有人说:"我们必须明确区别逻辑与逻辑的应用,也就是说,研究自然语言中的逻辑问题,把它理论化,形成逻辑系统,这是一回事;运用现代逻辑去分析自然语言,这又是另一回事。""目前国内所谓自然语言方面的研究，主要还是用现有的逻辑理论去分析自然语言，这样的研究虽然叫做语言逻辑，但是实际上还是叫语言的逻辑分析比较切合实际。"这里的引文显然认为自然语言逻辑是逻辑的应用而不是逻辑，把自然语言逻辑排除在逻辑之外。

还有些逻辑学家认为自然语言逻辑是逻辑，认为只有基础逻辑和应用逻辑是逻辑。而"逻辑的应用理论之一的蒙太古的形式语法理论"显然被排除在逻辑之外。但"蒙太古的形式语法"理论却恰恰是自然语言逻辑当中的重要分支，并被认为是狭义自然语言逻辑的开端。

有人认为，自然语言逻辑是一门交叉学科，从纯逻辑角度看，它包含不少现代逻辑的技术手段，却处于同语言学相交的边缘位置而具有不少非正统的逻辑题材。

从纯语言学角度审视，它又具有许多形式语言学研究的内容，但带有浓厚的逻辑味道而语言学的色彩相对淡薄，在两个领域看来，它都不是主流中心。如下图所示。

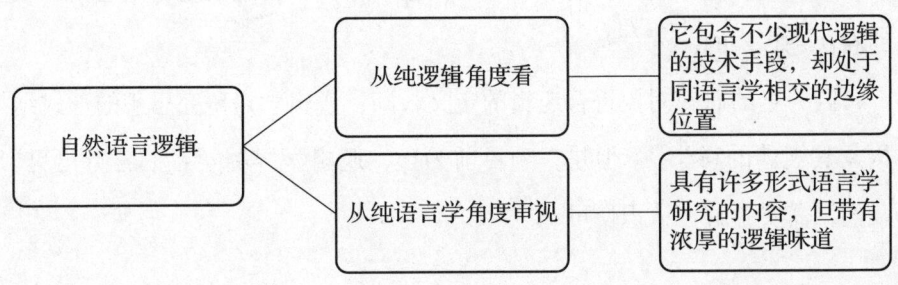

自然语言逻辑的分类

无论自然语言逻辑是在逻辑学界还是语言学界，对它的分类有以下几种。

逻辑论哲学	・讨论真（假）概念的理论、讨论世界本质的理论
逻辑基础	・研究集合论、模型论、递归论
基础逻辑	・研究经典命题逻辑、一阶谓词逻辑
应用逻辑	・研究数学领域的概率逻辑、认识论方面的认知逻辑、伦理学方面的道义逻辑
逻辑的应用理论	・研究卡尔纳普的归纳语义理论、蒙太古的形式语法理论

简单地说，有五大类理论与逻辑有着密切关系：逻辑论哲学、逻辑基础、基础逻辑、应用逻辑、逻辑的应用理论。

既然已经明确了自然语言逻辑的研究对象及其和现代逻辑各分支的区别，让我们回过头来回答前面提出的问题：自然语言逻辑是不是逻辑？我的看法是肯定的。

因为它的研究对象符合逻辑的定义，即"逻辑学是研究思想的形式结构及其规律的科学"。但是，到目前为止，逻辑学界的学者们各持己见，我们只需要了解、认识便可。

遵循逻辑思维定律

逻辑思维的规律有基本规律与非基本规律之分。凡是存在于一切逻辑思维形式并对一切逻辑思维形式都有效的逻辑规律就是逻辑思维的基本规律；而仅存在于某些或某一逻辑思维形式并仅对这些逻辑思维形式有效

第4章
逻辑思维，化繁为简找到问题本质

的逻辑规律，则称为逻辑规则，比如定义规则、划分规则、三段论的规则等。

逻辑思维的规律是逻辑思维形式中内在的必然联系。它有四条基本规律，在本书的第二章已经做过详细的解释，即同一律、矛盾律、排中律和充足理由率，如下图所示。

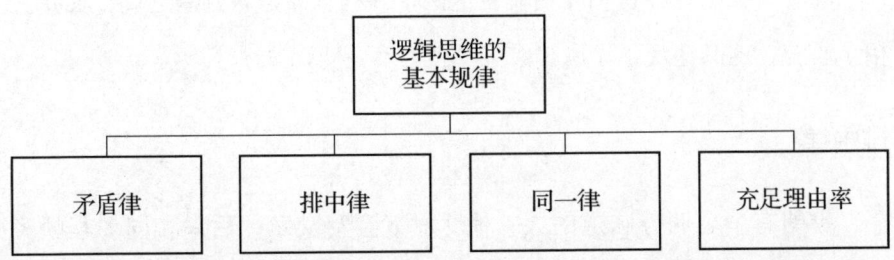

这四个定律的内容，笔者已经在第二章中做过详细介绍，这里主要进行案例分析。

矛盾律

《坚瓠续集》里有一则关于蝙蝠的寓言，大意是：凤凰是百鸟的领袖，碰到凤凰生日，百鸟都去祝寿，只有蝙蝠没有去。事后凤凰责问蝙蝠："别的鸟都来了，你为什么不来？"蝙蝠说："我有脚，能走，是兽，不属于你管的，所以我就不必来祝寿。"

接着是麒麟的生日，百兽都去祝寿，蝙蝠还是没有去。事后麒麟也问蝙蝠："别的兽都来了，你为什么不来呢？"蝙蝠回答说："我有翼，能飞，是鸟，不属于你所管，所以我没有来祝寿。"

有一天，凤凰和麒麟会了面，说起蝙蝠的事情，大家都叹了一口气，说："这真是世上最奸猾的了！"蝙蝠对凤凰说，我不是鸟，而是兽；又对麒麟说，我不是兽，而是鸟。把这些话合起来，那就是说：我既是鸟，又是兽；我既不是鸟，又不是兽；我是亦鸟亦兽，非鸟非兽。

从逻辑上看，蝙蝠的逻辑不仅违反了矛盾律，而且也违反了排中律。因为对于蝙蝠这种动物来说，要么是鸟，要么是兽，二者必居其一，既不能都肯定，也不能都否定。然而，蝙蝠说自己是亦鸟亦兽，这就违反了矛盾律；又说自己是非鸟非兽，这是违反了排中律。

同时，在亦鸟亦兽和非鸟非兽这两个并列关系联言判断之间，又是互相矛盾的，这又违反了矛盾律。

排中律

唐朝有个名叫苏味道的人，他9岁就会写文章，后来和同乡李峤齐名，人称"苏李"。苏味道文才虽好，但当官却当得不怎么样。他12岁考中进士，先当吏部侍郎，后来武则天做了皇帝，拜他做宰相。

他做宰相的时候，只求保持个人的地位与安全，在处理事情时，从不明确表态，总是说这样办也行，那样办也行，更没有什么创建和改革。他还有一套为官之道，他说，处理事情不能作明确的决断。因为如果发生了错误，就要负失职的责任，所以只要"摸棱"以持两端就行了。

从此以后，就有人给苏味道起了个外号叫"苏摸棱"。"摸"是用手接触东西，"棱"是物体的棱角。"摸棱"就是握不到一定方向，可以是左、也可以是右的意思。这也就是模棱两可成语的由来。因此，后来凡遇到有人说话或处理事情不作明确决断，或不表示鲜明态度，不置可否时，就称它"模棱两可"或"模棱两不可"。

"模棱两可"，也可以通俗地称为是"模棱两不可"，因为不作明确决断，不明确表态，是属于"两不可"的错误，而不属于"两可"的错误。

而"模棱两不可"的逻辑思维是违反了形式思维逻辑的排中律，两者存在具体的区别（请回看第2章第2部分）。

但不可否认的是，在一些特定情况下对于一些实在不能确切回答的问题采用模棱两可的回答，则不属于违反排中律的。如：在外交场合，由于保密或斗争策略的需要，不少外交辞令是含糊的、模棱两可的。像这类外交辞令都不应看作违反排中律，这只能成为一种外交手段。

同一律

有一个旅行者经过长途跋涉，又渴又饥，步履艰难地走进了一家酒店。

旅行者说："老板，请问夹肉面包多少钱一份？"

老板说："五先令一份，先生！"

旅行者说："请给我拿两份。"

老板给了旅行者两份夹肉面包，旅行者又问："请问，黑啤酒多少钱一瓶？"

"十先令一瓶，先生！"

旅行者说："现在我感到渴比饿还厉害，我想用两份夹肉面包换一瓶黑啤酒，可以吗？老板！"

"当然可以。"老板爽快地说。

老板收起了面包，拿来一瓶黑啤酒，旅行者"咕嘟咕嘟"一饮而尽，嘴巴一擦，然后背起背包就要登程。

老板急忙叫住他，客气地说："先生……"

旅行者打断了老板的话，不耐烦地说："难道非要我在这里住下？"

老板说："不，先生，您还没有付啤酒钱呢？"

旅行者说："我不是用夹肉面包换的啤酒吗？"

"可是面包钱您也未付啊，先生！"

旅行者说："我没有吃你的面包，为什么要我付面包钱啊？"

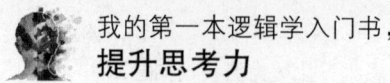

"是啊,他没有吃我的面包。"老板想,一时竟找不出对方的差错,听完任旅行者扬长而去。

在这段故事中,旅行者用了偷换概念的手法进行诡辩,使这些对话听起来似乎有道理。所谓偷换概念,即在同一思维过程中,把两个不同的概念等同起来,将一个概念变换为另一个概念。

在这段故事中,旅行者把"没有付钱的夹肉面包"偷换为"已付钱的夹肉面包"。当老板指出旅行者面包钱也未付时,旅行者又把话题由"未付钱"转移到"没吃",而由"没吃"又推出"不付面包钱"。这一系列的辩词貌似有理,都是违反同一律的,具体的错误如下图所示。

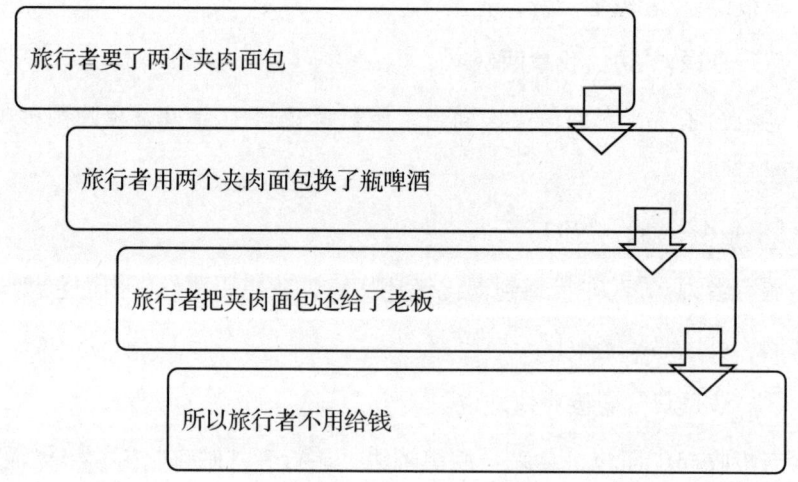

充足理由律

充足理由律是逻辑思维必须遵守的基本规律之一,它的内容是:在论证和思维过程中,要确定一个判断为真,必须有充足的理由。

充足理由律基本要求有三,如下图所示。

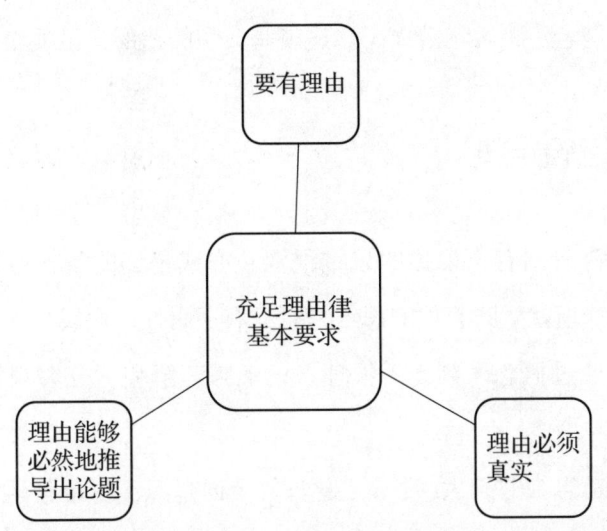

违反了这三条要求,就会犯"毫无理由""理由虚假""推导不出"的错误。

我们熟悉的不少名言都违背了充足理由律,如朱熹推崇孔子,说"天不生仲尼,万古如长夜",孔子对中国文化的贡献固然很大,但是孔子以外我国还有许多文化上的巨人。李贽就写信给朋友对这句话表示不满,他说,照朱熹的话说,孔子以前的人整天都要提着灯笼走路了。

"商人重利轻离别",是白居易的名句,后人都以此来形容商人的唯利是图。其实从"商人重利"并不能推导出"轻离别",历史上有好多有情有义的商人,这句话违背了充足理由律,失之片面。

类似的事情在我们日常生活中也时有发生。例如,在某商店里,一售货员的态度不好,与一老年顾客发生了争吵,于是人们把经理找了来,要他评一评理。经理听了情况介绍后说道:"售货员先发火态度固然不好,但您这么大年纪了,还如此认真也不好。"

认真不认真跟一个人的年龄毫无关系,它是一个人的性格以及多方面因素综合所决定的,也是看对什么事而言。经理批评老年人不该如此认真，理由却是老年顾客年龄大了，这就是典型的违反充足理由律。

遵循语言逻辑定律

我们经常听到有人说你的思维很混乱亦或是你的条理很清晰。在这里，混乱和清晰就意味着你的思维是否具有逻辑性。逻辑是人的一种抽象思维，是人通过概念、判断、推理、论证来理解和区分客观世界的思维过程。

逻辑性是思维的一大特性。"逻辑"一词起源于古希腊语，而古希腊语"logos"，即"逻辑"，含有"思维"和"语词"的意思。

我们也可以理解为逻辑在思维和语言中起了桥梁与纽带的作用。一个人的思维能否准确合理地表达出来，首先在于他的思维是否具有逻辑性，其次在于他是否可以用逻辑性的语言把头脑中的思维表达出来。

而想要避免陷入语言陷阱，陷入引用的逻辑，陷入偷换概念的陷阱，或者陷入中性词语的陷阱，就要遵循语言逻辑定律。

语言的"省略"会影响思维的"省略"

因得益于文字拼音化的缘故，印欧语系的语言大多为屈折语，也就是所谓"形态语言"，如英语等。由于有形态上的严格限制，形态语言的特点是，表达形式是严谨精密，这主要表现为主语和谓语、谓语和宾语、修饰语和中心语等的结合有严格的形态上（时态，性，数）的要求。

而汉语则又略微的不同，加上我们的逻辑思维习惯，形态语言在表达上有省略的特性，但大都为推理性的省略，如下图所示。

比如："桥上的铁栏杆坏了，有工人去焊好吗？"这句话中，省略的宾语是前半句话的主语"铁栏杆"。

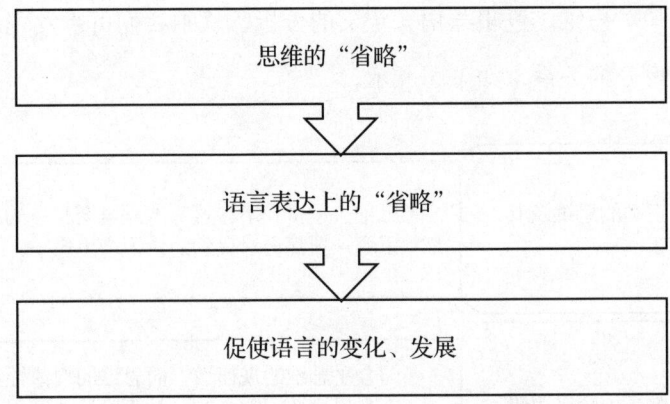

有些外国人会觉得汉语"桥上的铁栏杆坏了,有工人去焊好吗?"有点表述不清。有些时候,汉语的这种表述不清会影响思维的逻辑性。

也可以这样说,我们思维的"省略"才形成了我们语言表达上的"省略"。但是,语言与思维二者应该是相辅相成、相互促进的,思维的发展促使语言的变化、发展,语言的发展又会帮助思维作用的提高。

同时,作为思维工具的语言因素,是我们决不可忽视的重要因素,因为,语言是我们思维的担负者,而在构成语言的时候,思维因素占了很大部分。因此,语言的"省略"会影响思维的"省略"逻辑性,我们要学会掌握语言、思维与逻辑之间的关系。

语言、思维与逻辑的关系

语言起源于5万多年前,在当时人类的思维能力已经发展到了一定的水平。能够对客观世界的事物进行分类和概括,并具有一定的记忆、想象、判断和推理的能力。

从这里我们可以发现思维先于语言而存在。而随着时间的推进,语言又通过抽象化的作用来帮助思维的发展。语言和思维可谓是互相依存,思维越精确就越需要语言。

我的第一本逻辑学入门书，
提升思考力

上文是对思维、逻辑与语言定义的分析，从中我们可以发现三者之间具有密不可分的关系，如下图所示。

对于一个正确的思维及其表达而言	思维、逻辑和语言这三者是紧密相连的，缺了哪一项都会对我们的认识产生影响
正确的思维必须合乎逻辑	即合乎思维的规律性，而思维的规律性是与客观规律性相吻合的，是正确反映客观现实和规律的
作为思维工具的语言	它应该是能使思维合乎逻辑的工具，即其表达形式必须有助于使二者紧密合理地联系在一起

只有遵循语言、思维与逻辑三者之间的关系，从而有助于培养人的严谨、精确、合理的逻辑思维能力，更好地使我们的思维能正确地反映客观现实和规律。

就以写一篇文章为例，其需要基本的三个步骤，如下图所示。

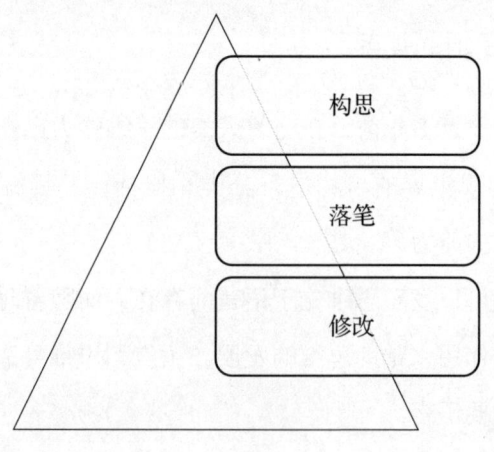

1. 构思

所谓构思就是写文章前首先要考虑文章的主题，文章的结构。一篇文章如何能让人看得一目了然，结构清晰，关键在于文章结构上是否具有逻辑性。也就是我们常说的行文是否有条理性。

2. 落笔

完成构思后，就可以落笔了。在这一过程中我们要通过恰当的语言来表达出我们的主题。

3. 修改

修改的目的是让我们的文字符合语法结构，符合语言的逻辑性。

当完成以上三步，一篇文章也就算是正式完成了。而所有的这些思考、表达、修改的过程就是我们的思维反应。总的来说，表达出正确的思维是我们的目的，而这一过程中需要语言这个载体和逻辑的桥梁纽带作用。

了解思维、逻辑和语言三者之间的关系不仅有助于培养人严谨的逻辑思维能力，还能更好地使我们的思维正确反映客观现实和规律。

第 5 章
探寻思维方式，跳出惯性系统

　　电影《教父》中有一句经典台词，相信大家都不陌生，那就是："花半秒钟就看透事物本质的人，和花一辈子都看不清事物本质的人，注定是截然不同的命运。"后者在我们现实生活中比比皆是，而前者却是寥若星辰。

　　就拿演讲来说，除了掌握技巧外，更重要的是建立逻辑思维。通俗点来说，就是思维框架，它最大的意义即是能帮助我们向正确的方向去思考，好的思考往往导致好的结果。构建自己思维框架过程的同时，也是锻炼自己思维逻辑的能力。在这一章中，笔者将为大家介绍一些常见的思维方法，希望对提高大家的判断、推理水平和逻辑论证能力有所帮助。

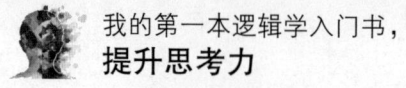
我的第一本逻辑学入门书，
提升思考力

条条大路通罗马：侧向思维

就相同事物的同一角度而言，如果不同的人采用不同思维方式，会有不同的观察结果和结论；就同一事物而言，如果我们所处的角度不同，也会有不同的观察结果和结论。

道理很简单，只要你的思维够灵活，正所谓条条大路通罗马。

什么是侧向思维

侧向思维又称"旁通思维"，是发散思维的一种形式，这种思维思路方向不同于正向思维、多向思维或逆向思维，它是沿着正向思维旁侧开拓出新思路的一种创造性思维。

通俗地讲，侧向思维就是利用其他领域里的知识和资讯，从侧向迂回地解决问题的一种思维形式。

对于有些问题，能以正面方式解决更好，但是假如正面解决不了，将其向侧面拓展也不失为一条很好的思路。

其实在现实生活中，这种思维方式比比皆是，例如，我们经常看到人们在思考问题时"左思右想"，说话时"旁敲侧击"，它要求思考者尽量利用其他领域的知识，从别人想不到的角度观察、分析，进而解决无法以正面方式处理的问题。

再例如，古时候，有位先生想过河，他来到河边大声问道："哪位船老大会游泳？"

话音刚落，附近的船老大几乎都围了过来，热情地自我推荐："我会游泳，公子坐我的船吧！"

只有一位船老大坐着没动，这位先生就走过去问那人："你水性好吗?"

船老大不好意思地说:"对不起,我不会游泳!"

先生高兴地说:"那好,我坐你的船!"

看到这里,有人就会问:为什么先生要选不会游泳的船老大呢?原来,先生认为,不会游泳的船老大,必然会小心地划船,比坐其他的船会更加安全。这种从侧面来推理的方法就是侧向推理法。

常见的侧向思维方法主要有以下两种。

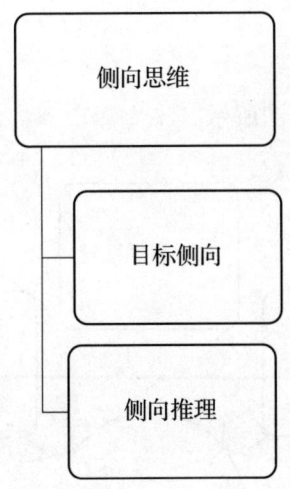

1. 目标侧向

侧向思维富有浪漫色彩,表面上看问题在此,其实"钥匙"在彼。表面上看应对准问题的焦点,可答案反而出自远离焦点的一侧。

例如,在直升机发明史上,侧向思维功不可没。在如何才能克服机顶上旋转桨所产生的反扭矩呢?无数次的实验都失败了。美国人西科斯基别出心裁地设计了一个尾桨,无论在重量、复杂程度,还是在功率损失上,都降至最低点。

2. 侧向推理

军事领域通过侧向思维及时变换思路，同样可达到意想不到的倍增效应。

例如，《孙子法》云："先知迂直之计者胜。"所谓迂直之计，就是懂得迂与直的侧向思维。这个谋略表面上是迂回曲折的道路，而实际上却能更有效、更迅速地制胜。这种从侧面来推理的方法就是侧向推理法。

侧向思维的特点

侧向思维的特点如下图所示。

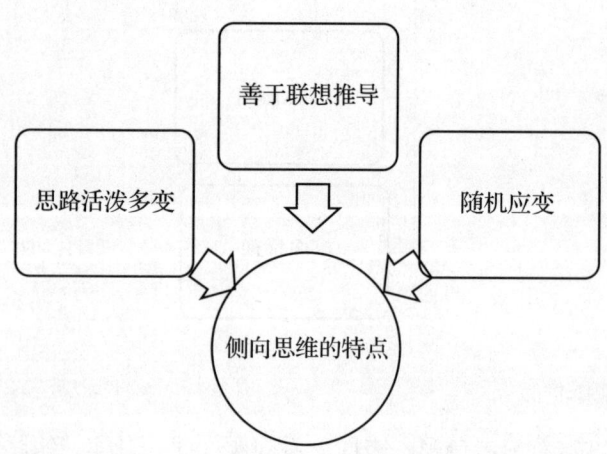

例如，同学 A 嘲笑地询问同学 B 身上带有多少钱的时候，同学 B 说："我有全部的人民币，一百八十六元六角。"

同学 A 疑惑地问："全部的人民币是多少？"

同学 B 说："一百八十六元六角，不就是全部的人民币面值种类吗，也就是人民币面值包括一百元、五十元、二十元、十元、五元、一元、六角，加起来共一百八十六元六角。"

但是，从某种意义上说，侧向思维有点偷换概念的意味，使用时，要多加谨慎。

侧向思维的应用方法

在生活中我们经常用到的侧向思维的应用方法，有以下三种。

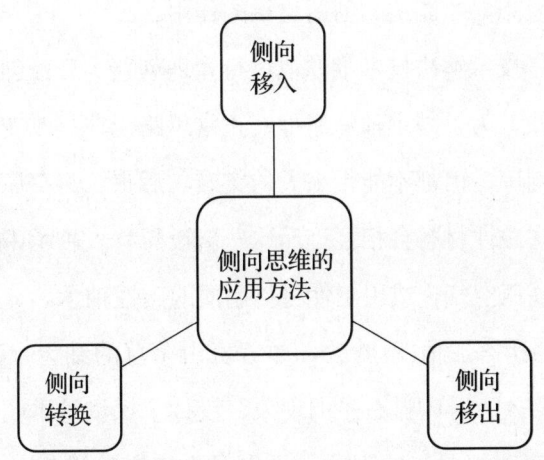

1. 侧向移入

侧向移入的概念，如下图所示。

侧向移入
指跳出本专业、本行业的范围，摆脱惯性思维，侧视其他方向
或者将其他领域已成熟的、较好的技术方法、原理等直接移植过来加以利用
或者从其他领域事物的特征、属性、机理中得到启发，对原来思考问题的创新设想

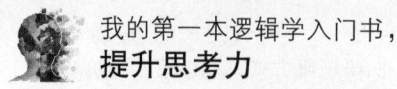

所以，只有跳出本专业、本行业的范围，摆脱习惯性思维，侧视其他方向，才能将注意力引向更广阔的领域。

只有将其他领域已成熟的、较好的技术方法、原理等直接移植过来加以利用，才能跳出思维的框架。

只有从其他领域事物的特征、属性、机理中得到启发，导致对原来思考问题的创新设想，才能达到创新思维的作用。

侧向移入是技术解决技术难题或进行管理创新、产品创新的最基本的思维方式。例如，为了减少轴承摩擦，正常思路无非是改变滚珠形状、轴承结构或润滑剂等，但都不能带来大的突破。后来，将高压空气可以使气垫船漂浮、相同磁性材料会相互排斥这些新设想移入轴承中，发明了只需向轴套中吹入高压空气，或用磁性材料制成的磁性轴承。

像这样的应用实例数不胜数。如鲁班由茅草的细齿拉破手指而发明了锯；威尔逊移入大雾中抛石子的现象，设计了探测基本粒子运动的云雾器；格拉塞观察啤酒冒泡的现象，提出了汽泡室的设想……这些事例说明，从其他领域借鉴或受启发是创新发明的一条捷径。

2. 侧向转换

侧向转换的概念如下图所示。

侧向转换	将问题转换成为它的侧面的其他问题
	或将解决问题的手段转为侧面的其他手段

例如，在1997年的时候，中英两国政府在新落成的香港会展中心举行香港回归交接仪式。当7月1日零时整，在雄壮的中华人民共和国国歌奏响的刹那，五星红旗也缓缓升起。那个不锈钢旗杆设计得极为独特，在靠近顶部有一个三角形开口向外吹出气体，使得国旗能够在会展中心大厅内舒展飘扬。

恰恰是这个旗杆差一点误了大事，这是后来一个电视专题片透露的小"插曲"。原来，担任仪仗兵和升旗手任务的解放军仪仗大队到达现场进行排练时，突然发现当国歌最后一个音符演奏结束，国旗并没有按要求升到顶端、每次都相差一小段距离。升旗手在部队驻地练习了成千上万次，本不应该出现这种失误，然而，到现场后却出现了误差。

对此，在场的人员都很着急，纷纷从升旗手个人的角度找原因，却一直找不到原因。后来，还是仪仗大队程志强大队长换了个思路分析问题，要求重新测量旗杆的高度，结果发现，这个由内地设计、香港厂家理应严格按图纸制作的旗杆，竟然比设计高度要高一些！

虽然原因找到了，可眼看仪式临近，拆除旗杆修改没时间了；临时让升旗手稍微加快升旗速度，也不可能保证精确无误。最终，还是在旗杆底部地毯下增加了一块不易察觉的垫板，且垫板的高度等同于旗杆高出的一截，才使升旗准确无误地顺利进行。

这件事给我们的启示是：在紧急情况下，只有沉着冷静地多角度观察分析问题，才有助于及时有效彻底地解决问题。

因此，侧向转换是指不按最初设想或常规直接解决问题，而是将问题转换成为它的侧面的其他问题，或将解决问题的手段转为侧面的其他手段。

3. 侧向移出

与侧向移入相反，所谓侧向移出是指将现有的设想、已取得的发明、已有的感兴趣的技术和本厂产品，从现有的使用领域、使用对象中摆脱出来，将其外推到其他意想不到的领域或对象上。这也是一种立足于跳出本领域，克服线性思维的思考方式。

因此，不论是利用侧向移入、侧向转换还是侧向移出，关键的是要善于观察，特别是要留心那些表面上似乎与思考问题无关的事物与现象。

这就需要在注意研究对象的同时，要间接注意其他一些偶然看到的或事先预料不到的现象，也许这种偶然并非是偶然，可能是侧向移入、移出或转换的重要对象或线索。

十万个为什么：追踪思维

我们小时候应该都问过自己的父母一个问题，那就是"我是从哪里来"的问题，而且通常对父母的回答不满意，总是一直刨根问底地问个不停。事实上，这种追问是每个孩子的天性，是每个成年人的天性，也是追踪思维的原型。

什么是追踪思维

追踪思维，又叫做因果思维，是指按照原思路刨根问底，穷追不舍，直至找出自己满意的答案。

就如同小时候我经常会问爸爸一个问题，而且还总是刨根问底。

我问："爸爸，我是从哪里来的？"

爸爸说："你是妈妈生出来的。"

我问："那妈妈是从哪里来的？"

爸爸说："妈妈是妈妈的妈妈生出来的。"

我问："那妈妈的妈妈是从哪里来的？"

爸爸说："是妈妈的外婆生出来的。每个人都是他的妈妈生出来的，但按照达尔文的进化论,最早的人类都是从类人猿演变而来的。"

这个进化的过程,就如下图所示。

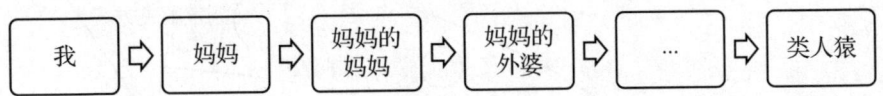

因此,有人给这些个"为什么"写了一本《十万个为什么》,其实这就是典型的追踪思维法。

追踪思维的思维模式

世间万物都有其原因和结果、表象和本质,通过结果,我们能探究出事物的原因;通过表象,我们能发掘事物的本质。

追踪思维要求我们用心寻找那些常被人忽视的地方,只要我们善于发现一些不引人注意的线索,通过仔细观察与思考,然后步步深入地追究下去,从未知到已知,从现实到可能地进行思考,最后就能产生创造性的成果。

追踪思维是以结果作为特性,以原因作为因素,逐步深入研究和讨论项目目前存在问题的方法。

因果分析法的可交付成果就是因果分析图,一旦确定了因果分析图,项目团队就能通过数据统计分析、测试、收集有关问题的更多数据或与客户沟通来确认最基本的原因,确认了基本原因之后,项目团队就可以开始制定解决方案并进行改进了。

众所周知,德国汽车的质量在汽车行业中是佼佼者,生产的汽车的外形、质量、性能都广受好评,因此,德国汽车的产量及销量在世界上是位于前列的。这就源于德国人精益求精的态度,他们有一个很好的习惯,那就是"追问到底",对身边新近发生的每一件事情,他们都会秉持追问到底的态度,以便找出最终原因。

我的第一本逻辑学入门书，
提升思考力

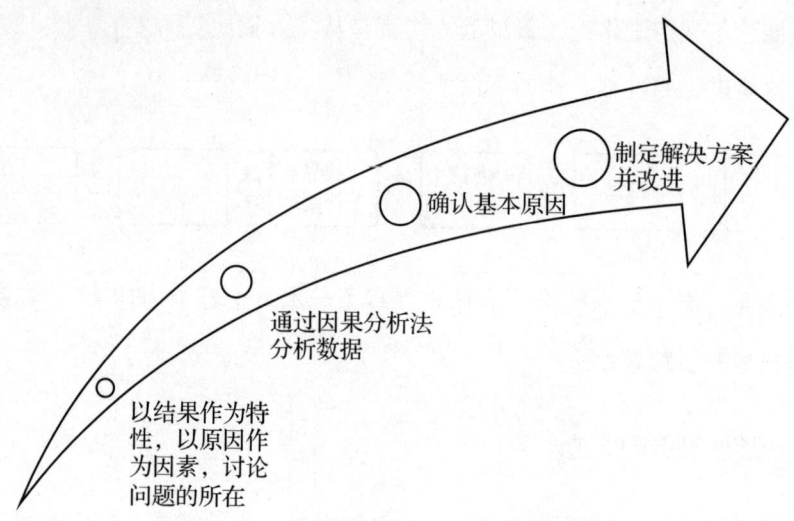

比如，公司在生产部件的时候，机器突然停了。出现什么问题了呢？针对这个问题，他们会进行一系列的追问：

A 问："机器为什么不转了？"

B 答："因为保险丝断了。"

A 问："为什么保险丝会断？"

B 答："因为超负荷导致电流太大。"

A 问："为什么会超负荷？"

B 答："因为轴承枯涩不够润滑。"

A 问："为什么轴承枯涩不够润滑？"

B 答："因为油泵吸不上来润滑油。"

A 问："为什么油泵吸不上来润滑油？"

B 答："因为抽油泵出现严重的磨损。"

A 问："为什么抽油泵出现严重的磨损？"

B 答："因为油泵没有装过滤器，有铁屑混入其中。"

我们可以把这些问题联系起来，如下图所示。

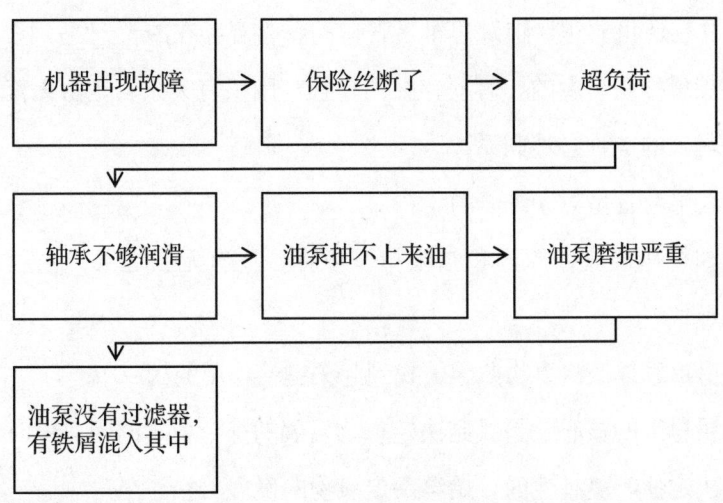

所以,当A追问到这里时,最终的原因也就找到了,大家都明白,如果想让机器正常运转,就需要给油泵装上过滤器,并换上新的保险丝。

追踪思维的特点

追踪思维具体有哪些特点呢?如下图所示。

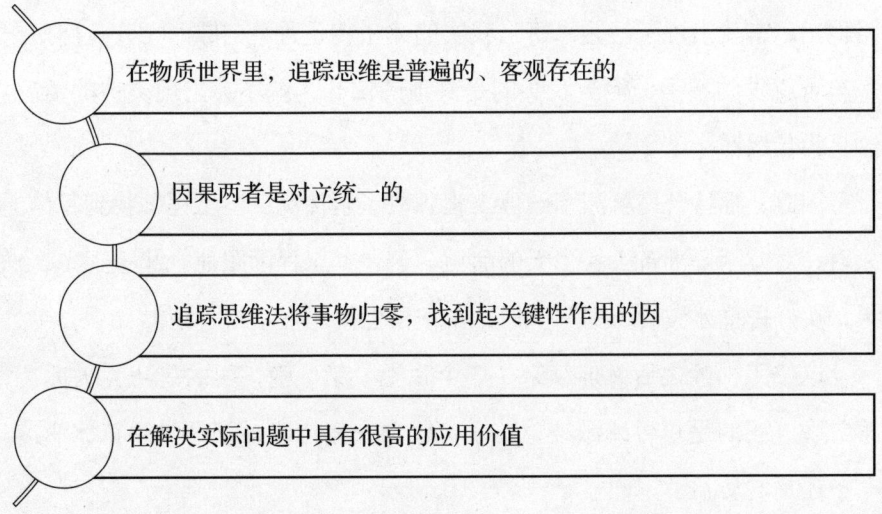

1. 在物质世界里，追踪思维是普遍的、客观存在的

追踪思维是普遍的、客观存在的，它与因果有关系，是由先行现象引起后续现象的一种必然联系。

2. 因果两者是对立统一的

正如标题所言，原因和结果相互依存，没有无因之果，也没有无果之因。

3. 追踪思维法将事物归零，找到起关键性作用的因

因果思维的核心，是找到决定事物发展的那个根本的因，同时，这个因是有决定性、奠基性的，始终决定事物的发展。

4. 在解决实际问题中具有很高的应用价值

例如，冰激凌和汽车的蒸汽锁原本是不相干的两样事物，但它却因为福特汽车而扯上了关系。

有一天，美国福特公司客服部收到一封客户的抱怨信，上面写道："在我们家每天在吃完晚餐后，会用冰激凌来做我们的饭后甜点，这是我们家的一个传统习惯。但自从我买了福特的车后，在我去买冰激凌的这段路程上，车就出现了问题。每当我买的冰激凌是香草口味时，我从店里出来车子就发动不了，但当我买的是其他的口味，就不会出现类似的情况。这是为什么？"

因此，福特公司就派了一位工程师去了解情况。当工程师找到写信的人时，对方刚好准备去买当天的甜点。于是，工程师跟他一起上了车，结果，买好香草冰激凌回到车上后，车子果然又无法正常发动。

这位工程师之后又连续来了3个晚上，第一晚，买的是巧克力冰凌，第二晚，买的是草莓冰激凌，车子都没事，第三晚，买的是香草冰激凌，车子还是发动不了。

到底是什么原因造成这一状况的呢？工程师冷静下来，开始分析各种详细资料。不久，工程师发现买香草冰激凌所花的时间比其他口味的要少。这时，工程师的疑问是，为什么车会因为时间间隔较短就发动不了？工程师很快地想到了关节点，应该是"蒸汽锁"的问题。由于时间较短，引擎太热，以至于"蒸汽锁"没有足够的时间散热，所以车辆无法启动。

香草冰激凌跟"蒸汽锁"看似是两个毫不相干的存在，但却会对汽车性能造成严重影响，而这位工程师并没有忽视这些"关联"，他准确地把握住了这个重要信息，找出了解决问题的关键，进一步完善了福特轿车的性能。

不管在工作中，还是在生活中，我们都应该养成多问为什么的习惯，这样才能拨开"层层迷雾"，看清问题的本质，从而解决各种疑难问题。追踪思维是一种很好的思维方式，有了这样的习惯，你就会更容易扫清成功路上的障碍。

学会跟人合作：组合思维

在实际生活中，我们每个人都免不了要和别人发生合作或者是竞争关系，这时就要考虑一个问题，究竟我们选择合作还是选择竞争，如何才能够让双方都过得更好？

组合思维，又称"联接思维"，指把多项貌似不相关的事物通过想象进行连接，从而使之变成彼此不可分割的新的整体的一种思考方式。

例如，在一次国际酒类展销会的酒会上，各国代表都拿出自己国家的名酒展示：

中国——茅台酒

德国——威士忌

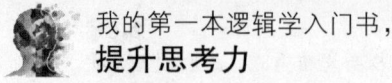

我的第一本逻辑学入门书，
提升思考力

意大利——葡萄酒

法国——香槟

美国——鸡尾酒

……

有了这样的组合之后，参加展销会的人们，每当看到茅台酒时，就能联想到茅台酒的产地——中国；每当看到威士忌时，就能联想到威士忌的产地——德国；每当看到葡萄酒时，就能联想到葡萄酒的产地——意大利；每当看到香槟时，就能联想到香槟的产地——法国；每当看到鸡尾酒时，就能联想到鸡尾酒的产地——美国。

相信大家都听过这样一则故事，从前，有两个饥饿的行者得到了一位善心人的恩赐：一根鱼竿和一篓鲜活硕大的鱼。其中，一个人选择了一鱼，另一个人选择了一根鱼竿。于是，他们分道扬镳了。得到鱼的人原地就用干柴搭起篝火烤鱼，他狼吞虎咽，还没有品出鲜鱼的肉香，转瞬间，一条鱼就被他吃了个精光。过了不久，他便饿死在空空的鱼篓旁。

另一个人则提着鱼竿继续忍饥挨饿，一步步艰难地走向海边，可当他已经看到不远处那片蔚蓝色的海洋时，他也使完了浑身的最后一点力气，他也只能眼巴巴地带着无尽的遗憾去见上帝。

又有两个饥饿的行者，他们同样得到了善心人的恩赐：一根鱼竿和一篓鱼。可是，他们并没有分道扬镳，而是商定一起去找寻大海。他俩每次只烤一条鱼，经过长途的跋涉，他们终于来到了海边。从此，两人过上了捕鱼为生的日子。几年后，他俩盖起了房子，有了各自的家庭、子女，有了属于自己的渔船，过上了幸福快乐的生活。

不难看出，组合的力量是无穷的。只有把对象的各个部分、各个方面或者各种要素拼凑起来进行思维，才能发挥出最大的力量。这就是1+1>2的智慧。

有一次,闻一多先生给学生上课。走上讲台后,他先在黑板上写了一道算术题:2+5=10000。然后,他问学生:"大家谁知道二加五等于几?"

学生们都感到疑惑不解,齐声回答:"等于7。"

闻先生说:"不错,在数学领域里,2+5=7,这是天经地义的。但是,在艺术领域里,2+5=10000 也是可能的。"

说着,他拿出一幅题为《万里驰鸦》的国画让学生们一起欣赏。只见画面上突出地画了两匹奔马,在这两匹奔马后面又错落有致、大小不一地画了五匹马,这五匹马后面便是许多看得不是很真切的黑点点。

闻先生指着画说:"从整个画面的形象看,只有前后七匹马,然而,凡是看过这幅画的人,都会说这里有万马奔腾,这难道不是2+5=10000 吗?"

组合思维的形式

组合思维的形式主要有以下几种。

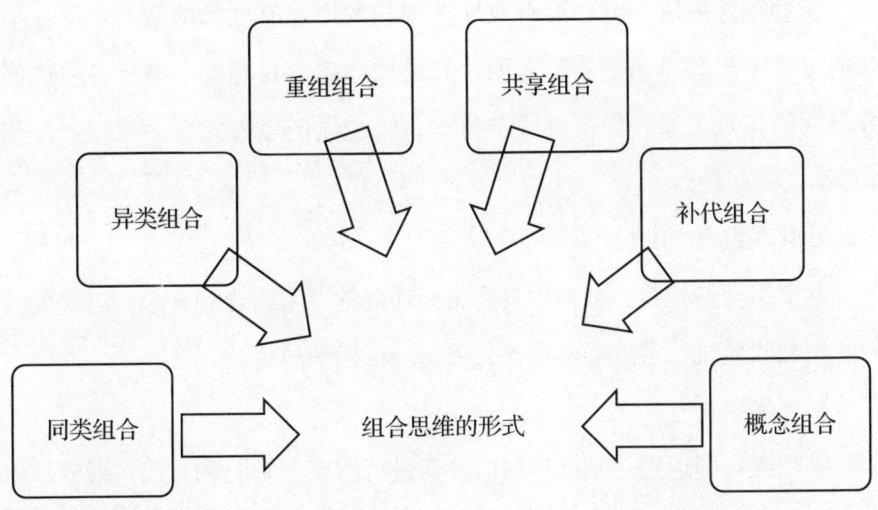

1. 同类组合

同类组合指把若干相同事物组合在一起。这种组合在保持事物原有功能或原有意义的前提下，通过数量的增加，来弥补功能的不足或获取新的功能、产生新的意义。

而这种新功能或新意义是原有事物单独存在时所不具备的。例如，双向拉锁、三合米、鸡尾酒、双排订书机、多缸发动机、双头液化气灶、双层文具盒、三面电风扇、双头锈花针、3000个易拉罐组合在一起的汽车、1000只空玻璃瓶组合在一起的艾菲尔铁塔等等。

2. 异类组合

异类组合是两种或两种以上不同领域的技术思想的组合、两种或两种以上不同功能物质产品的组合。如塑钢门窗、钢筋混凝土、香味橡皮、音乐贺卡等。

3. 重组组合

重组组合就是在事物的不同层次分解原来的组合，然后再按照新的目标重新安排的思维方式。

重组作为手段，可以更有效地挖掘和发挥现有技术的潜力。但在组合的过程中一般不增加新的东西，只是按预定的目标改变事物各组成部分之间的相互关系。如折叠式自行车，吸尘器的垂直式、手柄式、并列式等。

4. 共享组合

共享组合指把某一事物中具有相同功能的要素组合到一起，以实现共享。例如吹风机、卷发器、梳子共用同一带插销的手柄。

5. 补代组合

补代组合即通过对某一事物的要素进行摒弃、补充和替代，形成一种在性能上更为先进、新颖、实用的新事物。如：拨号式电话改为键盘式、银行卡代替存折。

6. 概念组合

概念组合即以词类或命题进行组合。综合来讲,是对各类组合的综合运用,它具有系统性、完整性、全面性和严密性,如阿波罗登月计划。

常见的概念组合思维方法有以下四种。

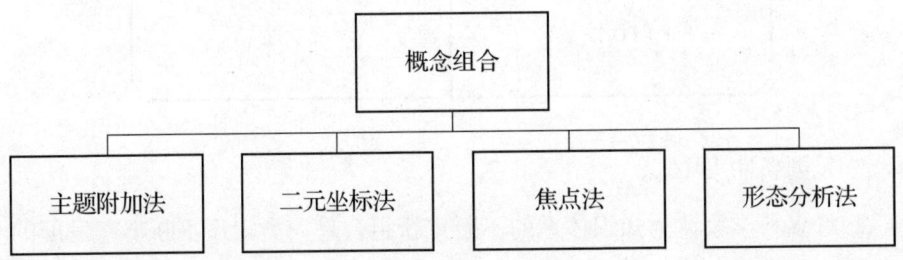

①主体附加法。主体附加法是指以某一特定的对象为主体,通过置换、插入其他技术或增加新的附件,来进行发明或创新思维方法。

②二元坐标法。二元坐标法是借用平面直角坐标系在两条数轴上标点,按序轮番地进行两两组合,然后选出有意义的组合物的创新方法。

③焦点法。焦点法是将一预定事物作为焦点,依次跟罗列的各个元素构成联想点以寻求新产品、新技术、新思想的推广应用或者某一问题的解决途径。

④形态分析法。形态分析法是通过对研究对象相关形态要素的分列和重新组合,以全面寻求问题的各种解决方案。

组合思维的特征

组合思维能够把我们日常熟悉的东西重新组合并构成一个未知的、富有新意的事物。这种思维方法通常可以创造出新的事物,它尽管很简单,但却非常有效。

组合思维的性质如下图所示。

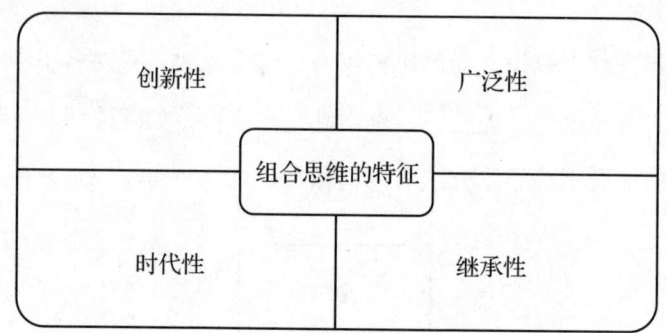

1. 创新性

许多科学家认为知识体系的不断重新组合是人类知识不断丰富发展的主要途径之一,从这一角度看,近现代科学的三次大创造是由三次大组合所带来的。

第一次大组合是牛顿组合了开普勒天体运行的三大定律和伽利略的物体垂直运动与水平运动规律,从而创造了经典力学,引起了以蒸汽机为标志的技术革命。

第二次大组合是麦克斯韦组合了法拉第的电磁感应理论和拉格朗日、哈密顿的数学方法,创造了更加完备的电磁理论,因此引发了以发电机、电动机为标志的技术革命。

第三次大组合是狄拉克组合了爱因斯坦的相对论和薛定鄂方程,创造了相对量子力学,引起了以原子能技术和电子计算机技术为标志的新技术革命。

2. 广泛性

组合思维的广泛性可以在生活中的每件事情中体现出来。例如,在工作中,处理好与客户之间利益往来和合作关系时就需要利用好广泛性。

3. 时代性

常见的组合有很多，比如：自行车＋电瓶＝电动自行车，手枪＋消音器＝无声手枪。

4. 继承性

继承性在社会资源和社会发展中有着重要的作用，社会资源的继承性，使人类社会的每一代人在开始社会生活的时候，都不是从零开始，而是从前人创造的基础上迈步的。

在社会经济活动中，人类一方面把前人创造的财富继承下来，另一方面又创造了新的财富。也正因为这样，科技知识不断发展，一代胜过一代，并向生产要素中渗透，使劳动者素质不断提高，生产设备不断更新，科研设备得到改进，并提高经营管理水平。社会财富的积累，反过来又加速了科技的发展。

总之，组合要求有广博的知识，丰富的实践经验，灵通的市场信息；要善于积累，勤于思索，思维触角向四处延伸，引发"共振"。

可以说，组合的道路四通八达，组合的方法层出不穷。

不单单是一个人的抉择：博弈思维

博弈思维是思维方法中相对比较复杂的。

由于竞争双方都在进行博弈，所以竞争的结果不仅取决于自己的抉择，也取决于参加竞争的所有人的行为。而且一旦作出决策后便不能挽回，因为对方已经出招进行反击了。

博弈，零和博弈与非零和博弈

在了解博弈思维之前，我们先来了解一下什么是博弈。通俗地讲，博弈论是一种"游戏理论"。

更准确地说，一些个人、团队或其他组织，面对一定的环境条件，在一定的规则约束下，依靠所掌握的信息，同时或先后，一次或多次，从各自允许选择的行为或策略进行选择并加以实施，并从中各自获得相应的结果或收益的过程。

例如，两个将军分别带领自己的部队埋伏在相距一定距离的两座山上等候敌人。甲将军得到情报说，"敌人刚刚到达，立足未稳，没有防备。"这是个好时机，假如两股部队一起进攻的话，就能够获得胜利。要是只有一方进攻的话，进攻方很可能会失败，这也是两位将军都清楚的。

但是，甲将军遇到了一个难题：如何跟乙将军协同进攻？（当时并没有电话之类的通信工具，只能通过派情报员来传递消息）甲将军派遣一个情报员去了乙将军那里，告诉乙将军："敌人没有防备，两军于黎明同时发起进攻。"然而，可能出现的情况是，情报员失踪或者被敌人抓获。

也就是说，尽管甲将军派遣情报员向乙将军传达"黎明同时发起进攻"的信息，但他不能确定乙将军是否收到他的信息。还好情报员顺利回来了，可是甲将军又一次陷入了迷茫：乙将军如何确定情报员回来了呢？假如乙将军不能肯定情报员回来的话，他也许就不会贸然进攻。

于是，甲将军又派遣该情报员去乙将军那里。然而，他无法保证这次情报员肯定到了乙将军那里……

假如你是这两位将军中的一个，你会如何做呢？这个问题属于"协同攻击难题"，它是由格莱斯于1978年提出的。糟糕的是，有学者证明，无论这个情报员来回成功地跑多少次，都不能让两个将军同时发起进攻。问题在于，两个将军协同进攻的条件是："于黎明同时发起进攻。"这是甲将军、乙将军之间的共识，然而，不管情报员跑多少次，都不能够使两个将军形成这个共识！

博弈分为零和博弈和非零和博弈，如下图所示。

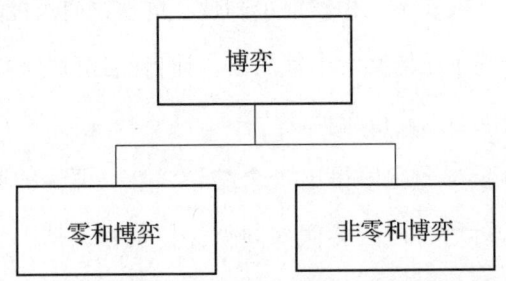

非零和博弈是一种合作下的博弈，博弈中各方的收益或损失的总和不是零值，自己的所得并非他人的损失。而零和博弈则相反，即参与博弈的各方，在严格竞争下，一方的收益必然意味着另一方的损失，博弈各方的收益和损失相加总和永远为"零"，双方不存在合作的可能。

博弈论中有一个经典案例，即"囚徒困境"，它说的是两个囚犯的故事。有两个人一起做坏事，结果被警察发现抓了起来，分别关在两个独立的不能互通信息的牢房里，审讯也是单独进行的。在这种情形下，两个囚犯都必须做出自己的选择：坦白交代或保持沉默。

两个囚犯都知道，假如他俩都保持沉默的话，就都会被释放，因为只要他们拒不承认，警方就不能给他们定罪。但警方对他俩说：假如他们中的一个人坦白了，即告发他的同伙，那他就可以被无罪释放并且还能得到一笔奖金；而他的同伙则会被按照最重的罪来判决，并且为了加重惩罚，还要对他进行罚款，作为对告发者的奖赏。

当然，假如这两个囚犯都选择坦白的话，两个人都会被按照最重的罪来判决，而且都不会得到奖赏。那么，这两个囚犯该如何抉择呢？是选择坦白还是沉默？很明显，"囚徒困境"中两个囚犯的目标是一致的，即最

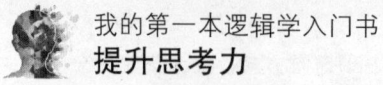

大限度地减少自己的痛苦和损失。从表面上看，两个囚犯应该团结一致，保持沉默，因为这样他们俩都能得到最好的结果——自由。

但是，他们不得不仔细考虑对方会如何选择。囚犯甲不是个傻子，他立刻意识到，自己根本不能相信那个同伙，同伙很有可能会向警方告发自己，然后带着一笔丰厚的奖赏出狱而去，让自己独自坐牢。同时，他还意识到，那个同伙也会如此设想他。

通过各种分析，囚犯甲得出一个结论：唯一理性的选择就是坦白交代，把一切都告诉警方。因为假如同伙保持沉默，那囚犯甲就会是拿着奖金出狱的人；假如同伙也根据这个逻辑向警方交代了，那囚犯甲就跟同伙一起服刑，起码他不必在这之上再被罚款。所以，其结果就是，这两个囚犯都会做出自认为明智的选择：坦白交代，然后两个人就会一起坐牢。

一个完整的博弈应当包括五个方面的内容，如下图所示。

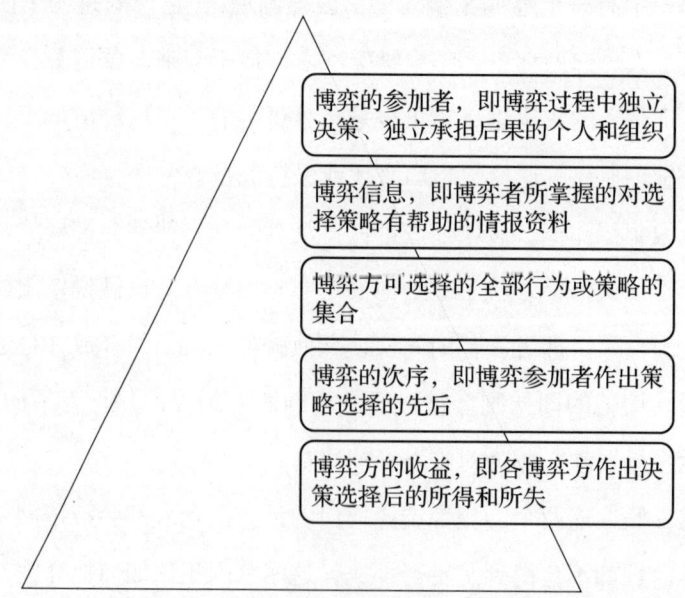

第5章
探寻思维方式，跳出惯性系统

博弈思维的方法

你下过棋吗？在下棋过程中，你常常会为下一步棋怎么走而冥思苦想，并在多方考虑后作出决策。而就在你冥思苦想要走出一招好棋的思维过程中就包含着"博弈论"。

也就是说，每走一步棋，你的脑海中必然会转过好几种方法，同时，你还会考虑你走了这步棋之后，对方会如何应付，然后你是否还继续占有优势。

你的大脑快速运转，衡量你想到的每一种方法的可行性，最终你选择了一种自认为最好的办法，其实这一过程就是博弈思维。

所谓博弈思维法，就是指在作决策之前仔细考虑自己的行为对他人的影响，他人会因此做出什么行为以及其行为对自己的影响。博弈思维的前提之一是绝对理性人假设，也就是假设跟自己对弈的都是绝顶聪明的人。

博弈思维法是思维方法中比较复杂、难以把握的方法。它具有理论中的多样性和行动上的一次性特点。决策之前，思维主体应尽可能预测事态发展可能出现的一切情况。在此基础上对比选择最佳方案，付诸实施。如下图所示。

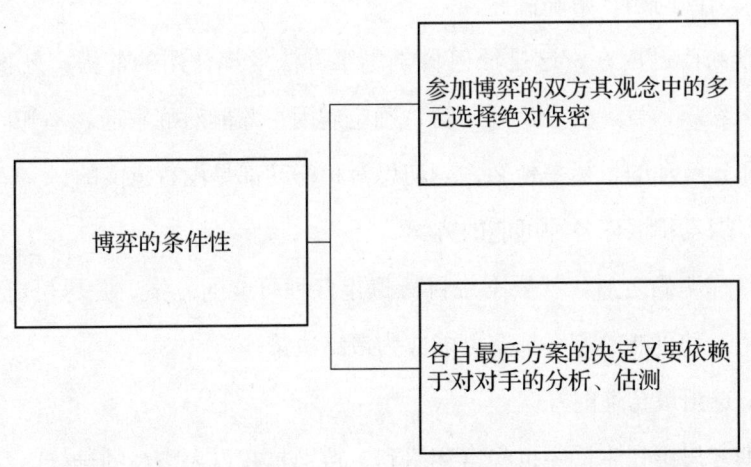

因此，估计对手的实力固然很重要，但根据双方以往交手的情况，揣摩对方现在的心理更为重要。可以说，这是一场心理的较量，正如麻将桌上的老手常对新手大伤脑筋一样，倘若对手不按常理出牌，自己费尽心机的谋划效果可能会大打折扣。

博弈思维法一般可分为三个步骤。

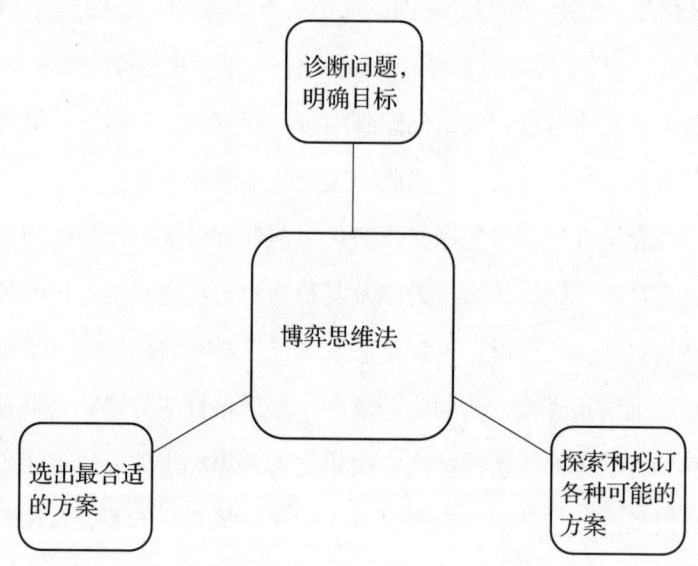

1. 诊断问题，明确目标

诊断问题所在，这是任何科学思维方法发挥作用的前提。就像医生给病人看病，肯定要先诊断一番，确定病因，才能对症下药。不知问题所在，不知行动的目标是什么，一切思考和行动都是没有意义的。

2. 探索和拟订各种可能的方案

目标明确之后，就要围绕目标拟定各种可能的方案，并尽可能周全。因为每一种可能的方案都有可能成为最终决策。

3. 选出最合适的方案

博弈思维在生活中也经常会用到，特别是在重大事情的选择时，是否能权衡利弊得失，是否有长远眼光都很重要。我们不仅要善于选择，还要懂得放弃。

博弈思维的特点

博弈思维到底具有哪些特点呢？总结如下。

博弈思维的特点	要了解自己的能力，也要了解对手的能力
	对手的表现
	防守是第一位的
	能否获胜，在于对手犯错误的时候能否抓住机会
	没有绝招
	凯恩斯选美理论

1. 要了解自己的能力，也要了解对手的能力

"知己知彼，百战不殆；不知彼而知己，一胜一负；不知彼，不知己，每战必殆。"《孙子兵法》讲得已经够透彻了。

2. 对手的表现

能否获胜，自己的能力固然重要，但对手的表现也是决定胜负的关键因素。

3. 防守是第一位的

不管什么样的机会，首先要看自己损失的大小，能否承担得住，进行平衡之后，再进行决策。

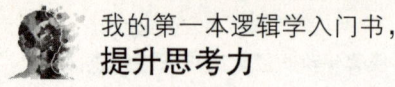

4. 能否获胜，在于对手犯错误的时候能否抓住机会

关于这一点，例如，如果市场情况不好的情况下，那么就应该选择保守投资，尽可能地把自己的风险降到最低程度。

所以，什么样的形态是自己的机会，取决于自己的交易系统，或者自己有把握的、有胜算的交易机会是什么样的。

5. 没有绝招

在博弈的游戏中，只有对的策略，没有永久能获胜的招数。

6. 凯恩斯选美理论

所谓凯恩斯选美理论，就是顺势而应。例如，假如某只股票的涨跌是一个骗局，但大众都买入，你怎么办？众人皆醉唯我独醒，不是回事；而应该是众人皆醉我也醉，在大家醒来之前离场。泡沫是骗局，但是泡沫是最好的做多获取暴利的机会，当然，泡沫破之前，要及时清仓出场。

反其道而思之：逆向思维

据说，逆向思维可以使人年轻。

每个人都要走向明年，明年会比今年大一岁，所以今年比明年年轻一岁。对于老年人，这样的逆向思维，可以让人越活越年轻；对于年轻人，则可以珍惜时间，更加努力。

逆向思维的含义

逆向思维又称为求异思维，它是对司空见惯的似乎已成定论的事物或观点反过来思考的一种思维方式，敢于"反其道而思之"，让思维向对立面的方向发展，从问题的相反面深入地进行探索，这种思维方法就是反过来思考问题。

这是个真实的例子。由我国发明家苏卫星发明的"两向旋转发电机"诞生于1994年，同年8月获中国高新科技杯金奖，并受到联合国TIPS组织的关注。1996年，丹麦某大公司曾想以300万元人民币买断其专利，可见其发明价值之巨大。说到"两向旋转发电机"的发明，也应归功于逆向思维。

翻阅国内外科技文献，发电机共同的构造是各有一个定子和一个转子，定子不动，转子转动。而苏卫星发明的"两向旋转发电机"，其定子也转动，发电效率比普通发电机提高了四倍。苏卫星说，我来个逆向思维，让定子也"旋转起来"。这是他得以发明的思维基础，也是他对创造发明思想的一大贡献。

人们习惯于沿着事物发展的正方向去思考问题并寻求解决办法，其实，对于某些问题，尤其是一些特殊问题，从结论往回推，倒过来思考，从求解回到已知条件，反过去想或许会使问题简单化。

例如，古代有这样一个故事，一位母亲有两个儿子，大儿子开染布作坊，小儿子做雨伞生意。每天，这位老母亲都愁眉苦脸，天下雨了怕大儿子染的布没法晒干；天晴了又怕小儿子做的伞没有人买。

于是，一位邻居过来开导她，叫她反过来想：雨天，小儿子的伞生意做得红火；晴天，大儿子染的布很快就能晒干。最终，逆向思维使这位老母亲眉开眼笑，活力再现。

逆向思维的方法

正反向思维起源于事物的方向性，客观世界存在着互为逆向的事物，由于事物的正反向，才产生思维的正反向，两者是密切相关的。

人们解决问题时，习惯于按照熟悉的常规的思维路径去思考，即采用正向思维，有时能找到解决问题的方法，收到令人满意的效果。然而，实践中也有很多事例，对某些问题利用正向思维却不易找到正确答案。一旦运用反向思维，常常会取得意想不到的功效。

大家都有拍集体照的经历，最难的就是每个人的眼睛问题：几十个人，甚至上百个人，咔嗒一声照下来，要保证所有人都没有闭眼还是有些难度的。闭眼的自然不满意：我90%以上的时间都是睁着眼，你为什么偏把我没精打采的一面照下来，这不是歪曲我的形象吗？

在照相时，一般的摄影师都会先喊："1、2、3！"以示提示，但更常见的是，在坚持了半天以后，很多拍照的人都会在喊"3"的时候坚持不住了，上眼皮找下眼皮，表现为闭目状。

笔者认识一位摄影师，他的思路跟别人不一样：他先请所有拍照的人全部闭上眼睛，听他的口令，同样是喊："1、2、3！"但是，他却要大家在喊"3"的时候同时睁开眼睛。果然，照片冲洗出来一看，没有一个人是闭眼的，全都神采奕奕，比本人平时眼睛更大、更精神。

同样的道理，生活中免不了会有一些难题，但只要我们能换一个思路，它们往往就会迎刃而解。

在具体的应用中，比较常见的逆向思维方法主要有三种。

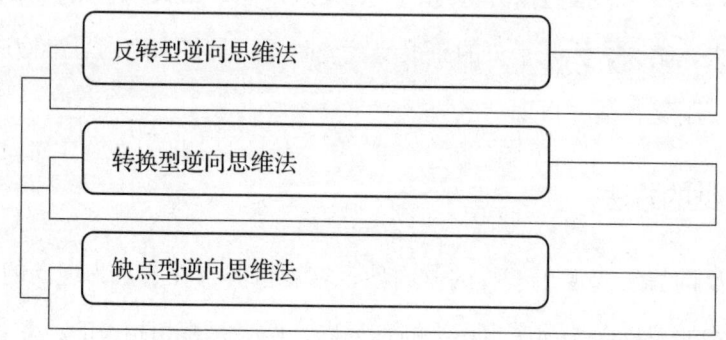

1. 反转型逆向思维法

反转型逆向思维法是指从已知事物的相反方向进行思考，产生发明构思的途径。"事物的相反方向"常常从事物的功能、结构、因果关系等三个方面作反向思维。

比如，市场上出售的无烟煎鱼锅就是把原有煎鱼锅的热源由锅的下面安装到锅的上面。这是利用逆向思维，对结构进行反转型思考的产物。

2. 转换型逆向思维法

转换型逆向思维法是指在研究问题时，由于解决该问题的手段受阻，而转换成另一种手段，或转换思考角度，以使问题顺利解决的思维方法。

例如，历史上被传为佳话的司马光由于不能通过爬进缸中救人的手段解决问题，因而他就转换为另一种手段，破缸救人，进而顺利地解决了问题。

3. 缺点型逆向思维法

这是一种利用事物的缺点，将缺点变为可利用的东西，化被动为主动、化不利为有利的思维发明方法。这种方法并不以克服事物的缺点为目的，相反，它是将缺点化弊为利，找到解决方法。

例如，金属腐蚀是一种坏事，但人们利用金属腐蚀原理进行金属粉末的生产，或进行电镀等其他用途，无疑是缺点逆向思维法的一种应用。

逆向思维的特点

逆向思维具有普遍性、批判性、新颖性等特点，如下图所示。

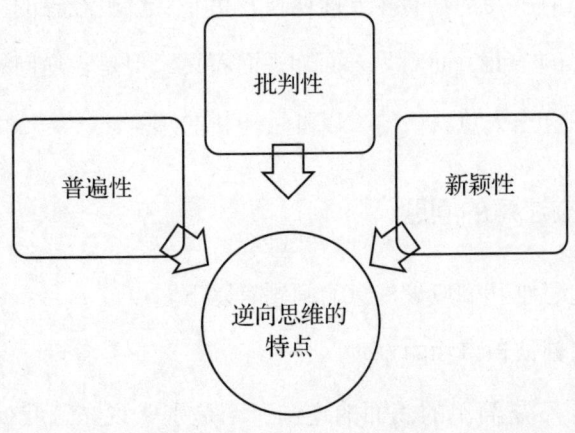

1. 普遍性

逆向性思维在各种领域、各种活动中都有适用性，由于对立统一规律是普遍适用的，而对立统一的形式又是多种多样的，所以，逆向思维也有无限多种形式。

如性质上对立两极的转换：软与硬、高与低等；结构、位置上的互换、颠倒：上与下、左与右等。

所以，不论哪种方式，只要从一个方面想到与之对立的另一方面，都是逆向思维。

2. 批判性

逆向是与正向比较而言的，正向是指常规的、常识的、公认的或习惯的想法与做法。

逆向思维则恰恰相反，是对传统、惯例、常识的反叛，是对常规的挑战。它能够克服思维定势，破除由经验和习惯造成的僵化的认识模式。

3. 新颖性

循规蹈矩的思维和按传统方式解决问题虽然简单，但容易使思路僵化、刻板，摆脱不掉习惯的束缚，得到的往往是一些司空见惯的答案。

其实，任何事物都具有多方面属性，由于受过去经验的影响，人们容易只看到熟悉的一面，而对另一面却视而不见。但是，逆向思维能克服这一障碍，往往会出人意料，给人以耳目一新的感觉。

逆向思维法应注意的问题

关于逆向思维我们应该注意的问题有以下两点。

1. 必须深刻认识事物的本质

所谓逆向不是简单的表面的逆向，不是别人说东，我偏说西，而是真正从逆向中做出独到的、科学的、令人耳目一新的、超出正向效果的成果。

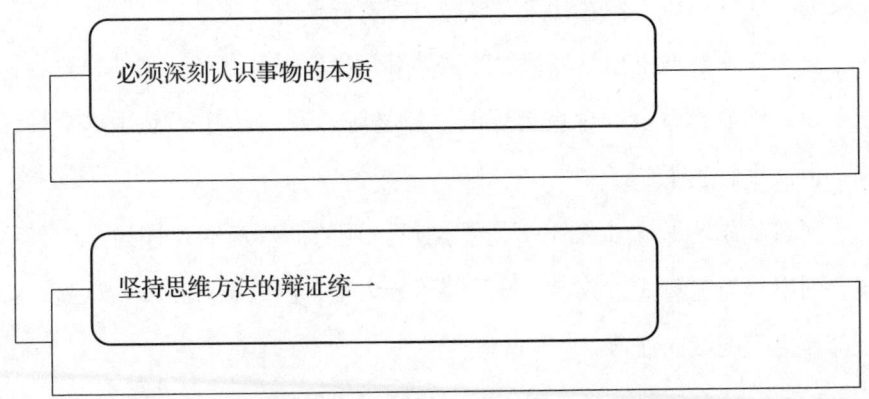

2. 坚持思维方法的辩证统一

正向和逆向本身就是对立统一，不可截然分开的，所以以正向思维为参照、为坐标进行分辨，才能显示其突破性。

实践证明，逆向思维是一种重要的思考能力。个人的逆向思维能力，对于全面人才的创造能力及解决问题能力具有非常重大的意义。

两点之间直线最短：求易思维

求易思维是一个很直接的思维过程，有时候这种思维模式打破了传统的思维模式，化简了原有的思维模式。

求易思维的故事很常见

"两点之间线段最短"是一个公理，又名线段公理。比如把纸上的两个点重合，把纸折叠起来，那两个点就重合了，距离无限近。

在这里，笔者再讲一个关于爱迪生的故事。

发明家爱迪生曾经有个名叫阿普顿的助手，他毕业于普林斯顿大学数学系，又在德国深造了一年，自以为天资聪明、头脑灵活，甚至觉得自己比爱迪生还强很多，处处好卖弄自己有学问。

有一次，爱迪生把一只梨形的玻璃灯泡交给了阿普顿，请他算算容积是多少。阿普顿拿着那个玻璃灯泡，轻蔑地一笑，心想："想用这个难住我，也太小看我了！"

阿普顿拿出尺子上上下下量了又量，还依照灯泡的式样画了一张草图，列出一道道算式。数字、符号写了一大堆，阿普顿算得非常认真，脸上都渗出了细细的汗珠。

过了一个多钟头，爱迪生问阿普顿算好了没有。

阿普顿边擦汗边说："办法有了，已经算了一半多了。"

爱迪生走过来一看，在阿普顿面前放着许多草稿纸，上面写满了密密麻麻的等式。爱迪生看了微笑着说："何必这么复杂呢？还是换个别的方法算吧。"

阿普顿仍然固执地说："不用换，我这个方法是最好最简便的。"

又过了一个多钟头，阿普顿还低着头列算式。爱迪生有些不耐烦了，他拿起玻璃灯泡，倒满了水，然后交给阿普顿说："去，把灯泡里的水倒在量筒里量量，这就是我们需要的答案。"

阿普顿这才恍然大悟，爱迪生的办法非常简单而精确。

求易思维打破原有思维模式

思维模式是根据经验来推断或者受制于常规思维的一种思维方法，而求易思维能够帮助你打破思维定势，将问题变难为易，以简驭繁。

《孙子兵法》之所以影响深远，被誉为"百代谈兵之祖"，是因其舍事而言理的叙述形式，也是因其揭示战争规律的科学思维方式。

"求易"思维是孙子观察分析、指导战争、总结战争规律而形成的一种辩证思维方式，是科学思维方式的一种，而孙子的战争难易观是建立在战争成本分析之上的，这也决定了其"求易"思维在内容上要求趋易避难、先易后难，本质上则追求"易胜"，把低成本、高效益作为一切行动的出发点。

　　遇事不畏艰难，尽力去求简求易，这是一种科学的思维方式。遇到问题时，先不要着急去寻找答案，最好先观察问题，剪去枝蔓，使复杂问题简单化，即能够将日常纷繁庞杂的现象和事物抽象化、简单化，概括成几句话或者几个字，既是一种方法，也是一种本领。

　　需要特别注意的是，要区分好"求易思维"与"求异思维"，求易思维不是求异思维。求异思维，是指大脑在思维时呈现的一种扩散状态的思维模式，它表现为思维视野广阔，思维呈现出多维发散状。如"一题多解""一事多写""一物多用"等方式，就是发散思维。

获取概念，寻找本质：抽象思维

　　抽象思维在人类的认识发展史上出现得最晚，因此，是人类最高级的思维形态。它同语言结合在一起，在人类认识世界、改造世界过程中发挥了巨大作用，引起人们的高度重视，不禁对它进行了深入的研究，从而形成了逻辑学。它是迄今为止研究得比较成熟的思维形态，甚至使人们似乎觉得是唯一的思维形态。

　　人们从具体到抽象、从感性认识到理性认识的思维过程中，离不开抽象思维方法的使用。如下图所示。

我的第一本逻辑学入门书，
提升思考力

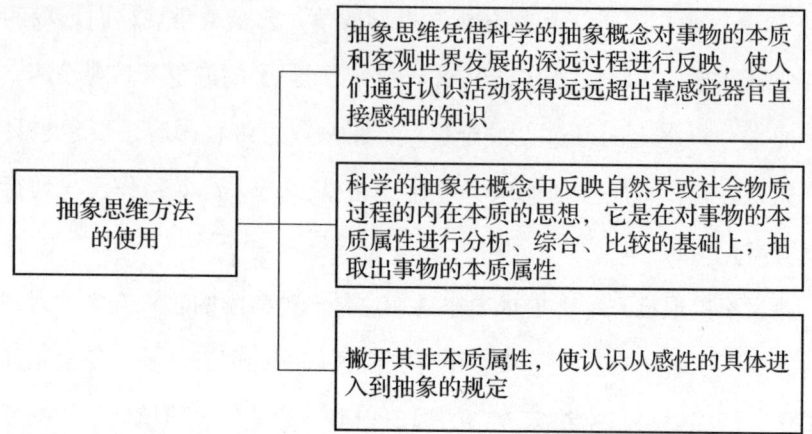

众所周知，著名的物理学家牛顿和他的代表作《万有引力定律》。下面就从逻辑思维的角度来解说一下《万有引力定律》的由来。有一天，牛顿坐在自家院中的苹果树下苦思着行星绕日运动的原因时，一只熟透了的苹果恰巧落了下来，它落在牛顿的脚边。

这次苹果的下落跟以往无数次苹果下落不一样，因为它引起了牛顿的注意，使牛顿想到了解决问题的线索。他想苹果为什么不会飞上天？无论在山上还是在水里，物体都是向地球方向下落，说明地球有吸引力，那这种力是否可以作用于月球呢？

对于这个问题，牛顿曾想到克普勒和伽利略的思想。他从浩瀚的宇宙太空，周行不息的行星、月球，直至地球，进而想到这些庞然大物之间力的相互作用。就这样，牛顿全身心投入"引力"的计算和验证之中。牛顿准备用这个原理验证太阳系各行星的运动规律。他首先推求月球距地球的距离，由于引用的资料数据有误，计算的结果错了。

因为依理推算月球围绕地球转，每分钟的向心加速度应是 16 英尺，但据推算仅得 13.9 英尺。在失败的困境中，牛顿毫不灰心和气馁，反而以更大的努力辛勤研究。7 年过去了，30 岁的牛顿终于把举世闻名的"万有引力定律"全面证明出来，奠定了理论天文学、天体力学的基础。

通过形象思维，牛顿把苹果和月球联系起来，从这理所当然的现象中找到了其背后的原因——引力的作用，这种来自地球的无形的力拉着苹果下落，如同地球撑着月球，使月球围绕地球运动一样。

同样，著名的物理学家爱因斯坦，不仅是一位出类拔萃的理性的思想家，还是个脑袋里充满着数字、公式和符号的数学、物理学泰斗，可以说是个左脑发达的有条理有逻辑思维能力的奇才。而且，爱因斯坦还是一位想象力丰富的人，他提出划时代的相对论，不是在实验室或书桌旁，不是用笔和纸去演算，而是仅凭想象。

有人说爱因斯坦在"大脑实验室"里发现了相对论。那是某个夏日的午后，他躺在一个长满青草的山头上，千万道细细的阳光穿过睫毛射进了他的眼睛，他又开始了神奇的幻想之旅。他想到假如能乘一条光线去旅行那该是什么样子？在想象中，他进行了一次宇宙旅行。

他想象自己已经到达宇宙的另一边，在想象怎样返回太阳系时，他突然有了灵感提醒，假如要实现这一返回梦想，宇宙必须是弯曲的，空间、时间以及光线都要是弯曲的。在思想的随意遨游中，他发现经典物理学的理论无法解释自己遇到的问题。

通过进一步的思考与研究，爱因斯坦提出了新的理论，即相对论。爱因斯坦充分调动了大脑的机能，靠大脑产生了美妙的幻想，提出了相对论的雏形，再运用抽象思维、数理逻辑推理，并借助数学、物理学方法将这一创造性的想象变为理论、公式，从而奠定了相对论的基石，为人类提出了一个最伟大的学说。

同时，抽象思维不是思维的唯一形态，而是思维中与形象思维、灵感思维、社会思维、动作思维相并列的一种思维形态。

因此，要正确理解本质与特点，必须把它与形象思维等其他思维形式

我的第一本逻辑学入门书，
提升思考力

相比较，抓住只为它所单独具有、形象思维与动作思维所没有的特有属性（特点）。根据这种理解，可以总结出抽象思维的性质，如下图所示。

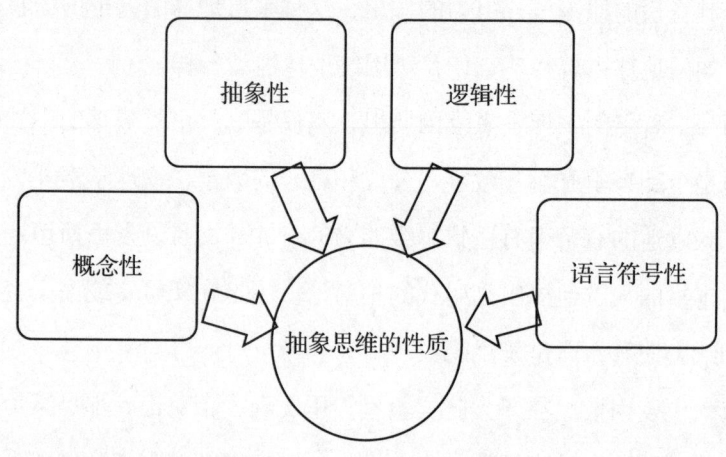

1. 概念性

概念性是抽象思维的基本特点。因为，概念是抽象思维的基本因素，任何抽象思维都是建立在概念与概念体系的基础上的，可以说，抽象思维又可称为概念思维。概念，在抽象思维中是不可或缺的，如下图所示。

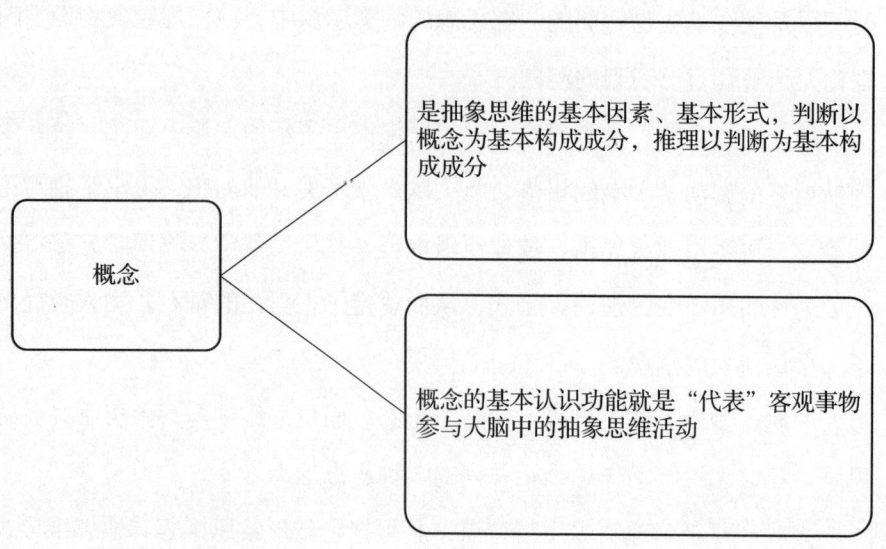

概念是抽象思维的基本因素、基本形式，判断以概念为基本构成成分，推理以判断为基本构成成分。也就是说，任何科学理论都是以概念为基本元素，通过一系列判断、推理建立起来的，没有概念，就无法建立科学理论。

概念的基本认识功能就是"代表"客观事物参与大脑中的抽象思维活动。这是因为，客观事物是根本无法进入大脑的，只能以概念的形式进入大脑，并以它为基本单元进行抽象思维活动。

所以，概念性是抽象思维的第一个特性。

2. 抽象性

要分析抽象性，就要从两方面进行分析，如下图所示。

抽象	思维
☐ 从众多的事物中抽取出共同的、本质性的特征	☐ 是人脑对客观现实概括的和间接的反映
☐ 舍弃其非本质的特征	☐ 反映的是事物的本质和事物间规律性的联系

若是将上图中的抽象与思维进行详细解释，即抽象作为一种思维活动或过程，是对已经获得的大量感性材料、经验事实，经过比较、分类、分析、综合，将一类事物同其他事物区分开来，排除个别的、偶然的、外部的表面现象，抽取出普遍的、必然的、内在的本质或规律。

这是贯穿于抽象思维过程始终的基本思维活动，是认识事物本质与规律的基本方法，是由感性认识到理性认识的中介与桥梁。

因此，把这种思维形态称作"抽象思维"是非常恰当的。抽象活动是概念形成的基本方法与活动，没有抽象就不可能形成概念。同样，抽象活动也是获得判断、推理及其规律的基本方法与活动，没有抽象也就不可能产生判断与推理，更不可能找到推理的规律。

3. 逻辑性

逻辑性是指事物发展过程符合逻辑体系、具有逻辑特点、恪守逻辑规则的情况，思维逻辑性是抽象思维的重要特点。研究抽象思维的形式与规律的科学称为逻辑学，所以，抽象思维又称为"逻辑思维"。

经过人们多年来抽象思维活动的检验证明，逻辑思维是很有用的，它不仅大大地简化了人们的抽象思维活动，保证了抽象思维的正常进行，促进了人类对客观世界的认识，总结出了抽象思维初级阶段——知性思维——演绎思维活动的基本规律，并形成了形式化方法，为人类抽象思维阶段的演绎思维活动提供了重要的基础作用。

4. 语言符号性

理解语言符号性之前，先来了解什么是语言符号，如下图所示。

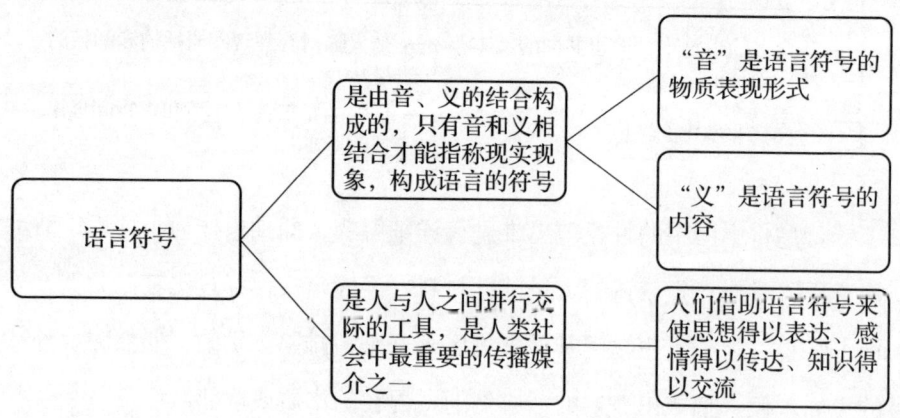

从哲学意义上来看，思想是通过语言表达的。思维是语言的"内核"，语言是思维的"外壳"。

语言符号性则是将思维与语言联系起来。抽象思维的产生与发展，同语言的产生与发展形成同步的、相互促进的关系。

而作为抽象思维基本单元的概念，只有借助词语才能巩固下来、表达出来；反映客观事物情况的判断，也只有通过语句才能巩固下来、表达出来，与别人进行思想交流。

抽象思维活动是只存在于头脑中的意识性、精神性的东西，只有借助于语言这个物质载体才能巩固与进行，才能表达出来同他人进行的思想交流。

抽象思维不仅同自然语言有着密切关系，而且同人工语言的关系更为密切。人类对抽象思维研究所取得的成功，不仅依赖于自然语言，而且在很大程度上更依赖于人工语言——符号系统。

从历史上看，亚里士多德逻辑的突出特点就是把思维活动中的可变部分抽象为变项——符号，现代逻辑就是建立在变项——符号的基础上的，因此，现代逻辑又称为符号逻辑。

总之，概念性、抽象性、逻辑性、语言符号性是抽象思维的四个基本特点。

突破固有思维模式：发散思维

发散思维，又叫作辐射思维、放射思维、扩散思维或求异思维，是指大脑在思维时呈现的一种扩散状态的思维模式，它表现为思维视野广阔，思维呈现出多维发散状。

了解发散思维的特性

若将发散思维运用到实际生活中，就是指在解决问题的过程中，不拘泥于一点或一条线索，而是从仅有的信息中尽可能扩散开去，不受已经确定的方式、方法、规则或范围等约束，并从这种扩散或者辐射式的思考中，求得多种不同的解决办法，衍生出不同的结果。

例如，一个商人走进一家银行的贷款部，像贵族一样坐了下来。

见这位绅士很神气，穿着又很华贵，贷款部的经理不敢怠慢，赶紧招呼："先生，我能为您做些什么？"

"哦，我打算借些钱。"商人说。

"可以啊，你要借多少？"经理听了非常高兴。

"1美元。"商人回答。

"就需要1美元？"经理怀疑自己听错了。

"是的，只借1美元，可以吗？"商人问。

"可以，当然可以。但是，无论您借多少钱，我们都需要担保，而且这个担保要超过您借的钱数。"经理热心地介绍着。

"好的。这是50万美元，做担保够了吧？"商人边说边从身边的皮包里拿出几摞钞票放在写字台上。

"当然够了！不过，你确定就借1美元？"经理不太放心地问道。

"是的。"商人接过了1美元，就准备离开银行。

经理越想越困惑，就追上去拉住商人问："先生，请等一下，我想知道你有50万美元，为什么只借1美元呢？如果您想借30万、40万美元的话，我们也会考虑的。"

这到底是怎么回事呢？原来，这名商人不是来贷款的，而是来此地办事，由于身上带了许多现金不方便，想让银行暂时帮忙保管一下。为了既省钱，又减少麻烦，他想了很多办法：他想过存钱，可存钱取钱肯定要点钞，这是比较麻烦的；他也想过租用保险箱，但是问了好几家银行租金都很贵。于是，他才想到用50万美元作为抵押去贷1美元。这种做法不仅省去了存钱取钱时的麻烦、租用保险箱的费用，而且还是法律允许的。

所以说,一个脑筋灵活的,善于运用发散思维的人,总是能很好地处理事情。

那么,发散思维都包含哪些形式呢?发散思维包括联想、想象、侧向思维等非逻辑思维形式,一般认为,发散思维的过程并不是在定好的轨道中产生,而是依据所获得的最低限度的信息,因此是具有创造性的。

发散思维具有三个特性,如下图所示。

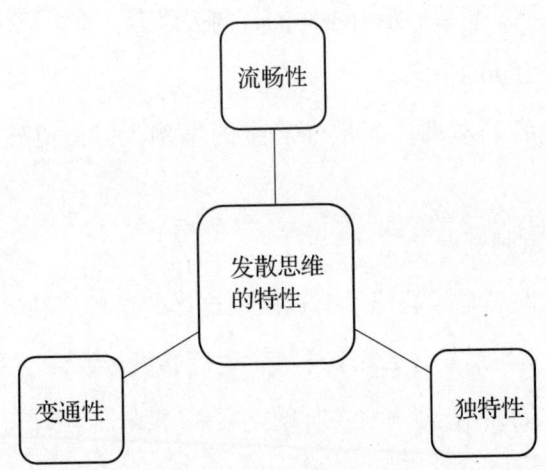

1. 流畅性

即思维自由发挥,在短时间内生成并表达出尽可能多的思维观念,以及较快地适应和消化新的思想,流畅性反映的是发散思维的速度和数量。

2. 独特性

独特性是指人们在发散思维中做出不同寻常的、出奇反应的能力,是发散性思维的最高目标。

3. 变通性

变通性就是克服人们头脑中某种自己设置的僵化的思维框架,按照某

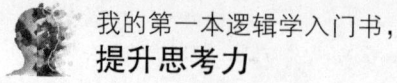

一新的方向来思索问题的过程。

变通性需要借助横向类比、跨域转化、触类旁通，使发散思维沿着不同的方面和方向扩散，表现出极其丰富的多样性和多面性。

发散思维法的运用

发散思维法——它是根据已有的某一点信息，然后运用已知的知识、经验，通过推测、想象，沿着不同的方向去思考，重组记忆中的信息和眼前的信息，产生新的信息。

这里，笔者列举两个发散性思维的案例，以便更好地理解发散性思维。

1. 心理学家画圆

关于发散性思维，心理学家曾做过这样的试验：在黑板上画一个圆圈，问在座的学生这是什么？其中大学生回答很一致："这是一个圆。"而幼儿园的小朋友则给出了各种各样的答案："太阳""皮球""镜子"……可谓五花八门。

或许大学生的答案更加符合所画的图形，但是比起幼儿园孩子来说他们的答案是不是显得有些单调呆板呢？

2. 一片叶子的不同视角

将一片枫叶展示给不同的人，会得到什么样的答案呢？

如下图所示，一片单纯的枫叶在孩子、老人看来会有不同的认识，在不同的职业看来也会不同；若是将这片叶子放在春夏秋冬、放在风霜雨雪、放在山川、放在戈壁沙漠、放在南北极和赤道，放在垃圾堆里、钢铁上、饮料里，放在高空、放在宇宙，那么，都会有完全不同的解释，都是完全不同的答案。

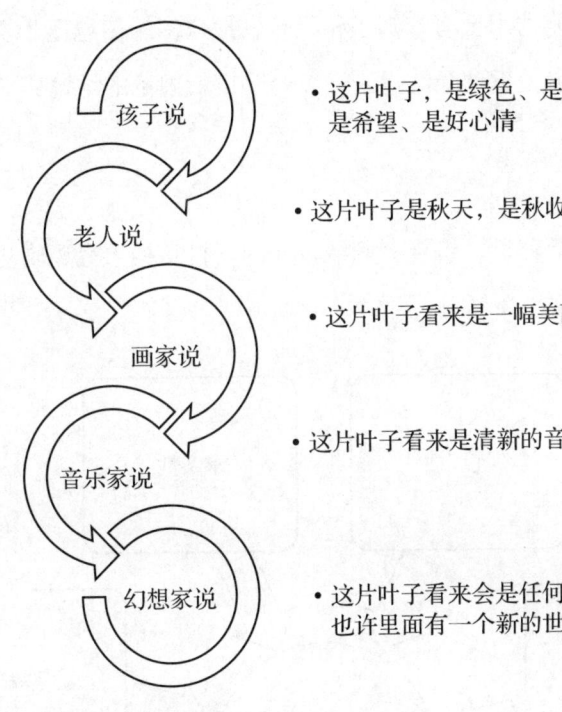

正如上图所示，这就是一千个人看，会有一千种叶子，这就是人们的发散性思维的表现。

从上述的案例中，我们可以得出发散思维法的特点，也就是充分发挥人的想象力，突破原有的知识圈，从一点向四面八方想开去，并通过知识、观念的重新组合，寻找更新更多的设想、答案或方法。

使思维条理化、简明化：收敛思维

收敛思维又称"聚合思维""求同思维""辐集思维""集中思维"。特点是使思维始终集中于同一方向，使思维条理化、简明化、逻辑化、规律化。

收敛思维，是人们在生活中最经常使用的一种思维。收敛思维是在解

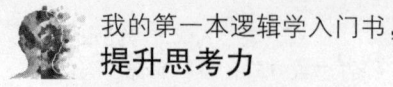

题过程中,尽可能利用已有的知识和经验,把众多的信息逐步引导到条理化的逻辑程序中去,以便最终得到一个合乎逻辑规范的结论。

收敛思维的特征

收敛思维包括分析、综合、归纳、演绎、科学抽象等逻辑思维和理论思维形式,它具有以下特征。

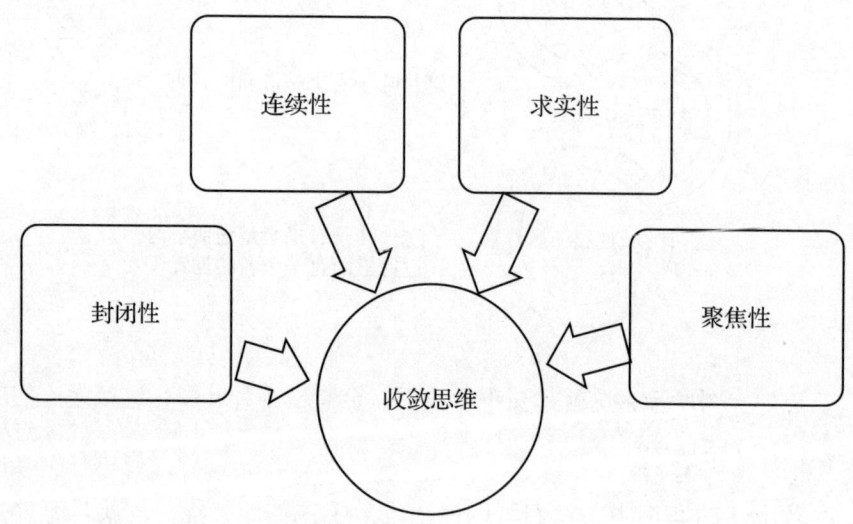

1. 封闭性

如果说发散思维的思考方向是以问题为原点指向四面八方的、具有开放性,那么,收敛思维则是把许多发散思维的结果由四面八方集合起来,选择一个合理的答案,具有封闭性。

2. 连续性

发散思维的过程,是从一个设想到另一个设想时,可以没有任何收敛思维,是一种跳跃式的思维方式,具有间断性。而收敛思维则是具有连续性的。

3. 求实性

发散思维所产生的众多设想或方案，一般来说多数都是不成熟的，也是不实际的，我们也不应对发散思维做这样的要求。对发散思维的结果，必须进行筛选，收敛思维就可以起这种筛选作用。被选择出来的设想或方案是按照实用的标准来决定的，应当是切实可行的。这样，收敛思维就表现了很强的求实性。

4. 聚焦性

聚焦性就是围绕问题进行反复思考，有时甚至停顿下来，使原有的思维浓缩、聚拢，形成思维的纵向深度和强大的穿透力，在解决问题的特定指向上思考，积累一定量的努力，最终达到质的飞跃，顺利解决问题。

根据收敛思维的特征，我们来看一个真实的例子。日本人对大庆油田的了解就是通过从中国画报刊登的铁人王进喜的大幅相片上推断出大庆油田位于东北三省偏北处，因为相片上的王进喜身穿大棉袄，背景是遍地积雪。

接着，他们又从另一幅肩扛人推的照片，推断出油田距离铁路沿线很近。他们从《人民日报》的一篇报道中发现一段话，"王进喜到了马家窑，说了声：好大的油海啊，我们要把中国石油落后的帽子扔到太平洋里去！"据此，日本人判断，马家窑就是大庆油田的中心。

大庆油田哪一年开始产油了呢？日本人判断：1964年。因为王进喜在这一年参加了第三届全国人民代表大会，假如不出油，王进喜应该不会当选为人大代表的。

此外，日本人还准确地推算出大庆油田油井的直径大小和大庆油田的产量，通过分析《人民日报》一幅钻塔的照片和《人民日报》刊登的国务院政府工作报告：把当时公布的全国石油产量减去原来的石油产量，简单之至，连小学生都能算出来——日本人推算出大庆的石油年产量为3000

万吨，跟大庆油田的实际年产量相差无几。

依据这些情报，日本人很快就设计出适合大庆油田用的石油开采设备。当我国政府向世界各国征求开采大庆油田的设计方案时，日本人成功中标。

日本人了解大庆油田的过程就运用了收敛思维，他们没有采取秘密刺探的手段，仅从中国的官方资料上就查明和推算出所需的各种情报。

另外，日本人搜集秘密情报的思维方法异于常人，他们是沿着一条知微见著的思路搜集有价值的公开情报信息，这种搜集信息的方式尽管简单易行，但却要求信息分析人员具备较高的思维素质和洞察力，能够迅速分辨什么信息有用、什么信息无用，哪些信息为真、哪些信息为假。

收敛思维法的运用

这里，笔者列举两个收敛性思维的案例，以便更好地理解，如下图所示。

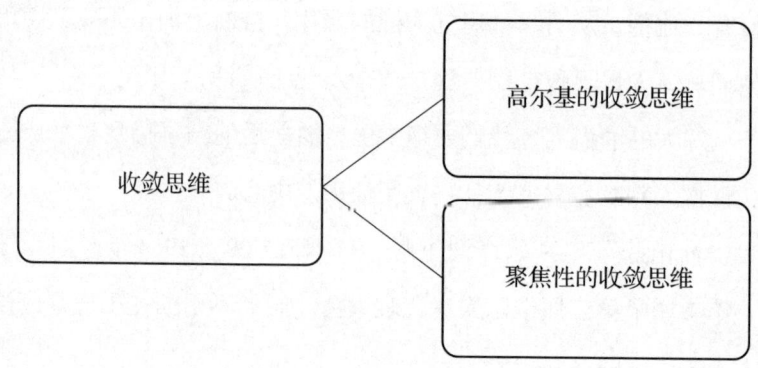

1.高尔基的收敛思维

高尔基童年在食品店干杂活，曾碰到过一位刁钻的顾客，"订九块蛋糕，但要装在四个盒子里，而且每个盒子里至少要装三块蛋糕"。

高尔基的办法是：先将九块蛋糕分装在三个盒子里，每盒三块；然后再把这三个盒子一起装在一个大盒子里，用包装袋扎好。

2. 聚焦性的收敛思维

隐形飞机的制造是难度比较大的问题，它是一个多目标聚焦的结果。要制造一种使敌方雷达测不到、红外及热辐射仪追踪不到的飞机，就需要分别做到雷达隐身、红外隐身、可见光隐身、声波隐身等多个目标，每个目标中还有许多小目标，分别聚焦最终制成隐形飞机。

这就是利用了收敛思维中的聚焦性，是围绕问题进行反复思考，使原有的思维浓缩、聚拢，形成思维的纵向深度和强大的穿透力，形成分别聚焦的状态，达到了雷达隐身、红外隐身、可见光隐身、声波隐身等目标。

发散思维与收敛思维的辩证关系

发散思维与收敛思维的关系，如下图所示。

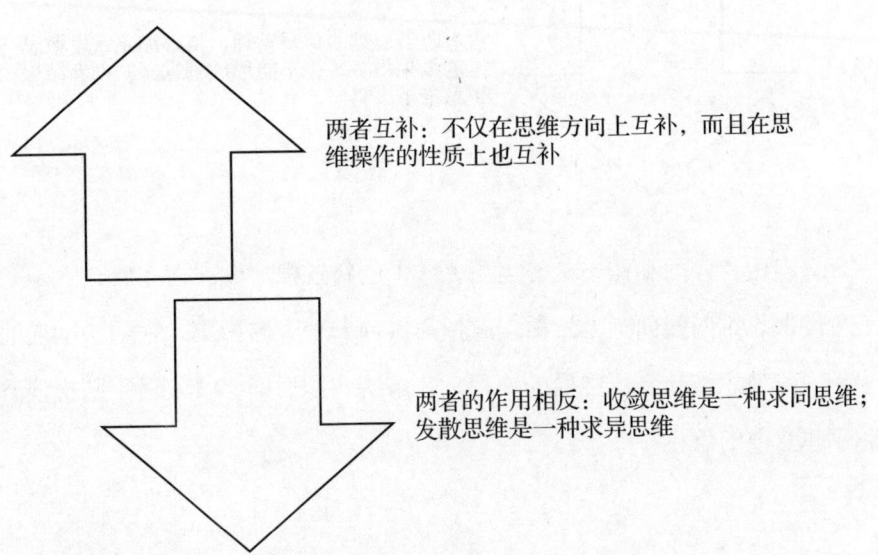

两者的作用相反，是因为收敛思维是一种求同思维，要集中各种想

法的精华,达到对问题的系统全面地考察,为寻求一种最有实际应用价值的结果而把多种想法理顺、筛选、综合、统一。发散思维是一种求异思维,为在广泛的范围内搜索,要尽可能地放开,把各种不同的可能性都设想到。

两者的作用互补,是因为收敛思维与发散思维是一种辩证关系,所以发散思维与收敛思维具有互补的性质。不仅在思维方向上互补,而且在思维操作的性质上也互补,如下图所示。

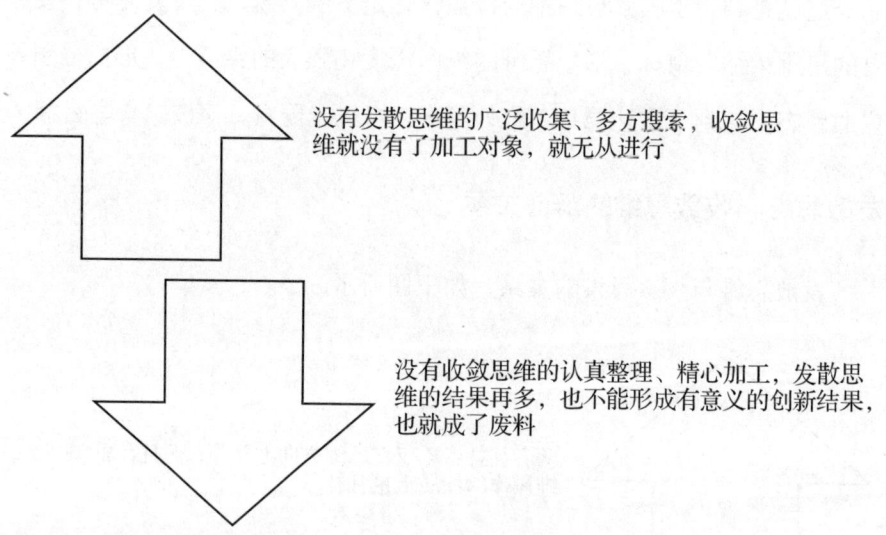

只有两者协同动作,交替运用,一个创新过程才能圆满完成。

发散思维向四面八方发散,收敛思维向一个方向聚集。在解决问题的早期,发散思维起到更主要的作用;在解决问题后期,收敛思维则扮演着越来越重要的角色。

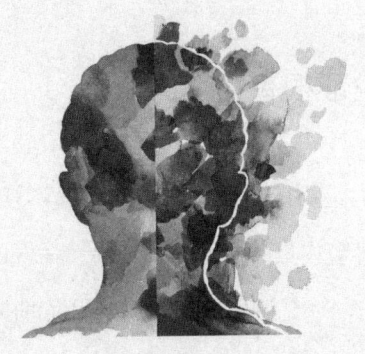

第6章

逻辑推理,让论证更加有力

逻辑推理是应用非常广泛的逻辑学知识,大量影视作品里神乎其神地渲染神探如何运用推理破案,现实中,公务员考试题里有大量的逻辑推理题,中小学生智力训练会运用逻辑推理题,职场中的谈判与博弈高手运用逻辑推理分析对手的意图。

可见,对于普通人而言,非常有必要学习一些简单的逻辑推理知识,既有益于提升大脑的思考力,亦有益于解决职场难题。

但是,逻辑推理常常与逻辑论证分不开,在学习逻辑推理知识之前,有必要先了解逻辑论证的作用。

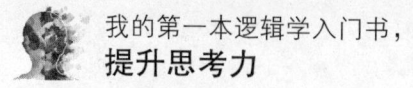

逻辑中的逻辑论证很有力

不难理解，我们进行的任何思维活动都离不开概念、判断和推理，逻辑论证就是一个运用已知为真的命题来确定另一命题的真实性或虚假性的过程，与此同时，它也是一个综合运用概念、判断和推理的过程。因此，要想提高对世界的认识水平，我们必须在掌握逻辑论证思维的同时，还要改进思维方式。

逻辑论证

所谓的逻辑论证，是指用已知为真的命题通过逻辑推理确定另一命题真假的思维过程。一般来说，逻辑论证是由论题、论据和论证方式三部分组成的。无论是在日常生活中，还是在科学研究中，值得我们肯定的是，我们都离不开逻辑论证。

比如，在三代以内有共同的祖先近亲之间通婚，会增加子女遗传性疾病的发生几率。这是因为，近亲结婚的夫妇有可能从他们共同祖先那里继承同一基因，并将之传递给子女。假如这一基因按常染色体隐性遗传方式，其子女就可能因为是突变纯合子而发病。因此，近亲结婚会增加某些常染色体隐性遗传疾病的发生几率。

在这里，"增加了女遗传性疾病的发生几率"这一结论的得出就是通过逻辑论证来实现的。

值得注意的是，逻辑论证跟实践证明是两个不同的概念。从本质上说，逻辑论证是人的意识对客观存在的反映，而实践证明则属于实践活动。但是，逻辑论证和实践证明又是相互兼容的。实践是检验真理的唯一途径，可以说，实践证明是逻辑论证的基础。因为有了实践对各种认识活动的证明，逻辑论证才得以不断地深化。

第6章
逻辑推理，让论证更加有力

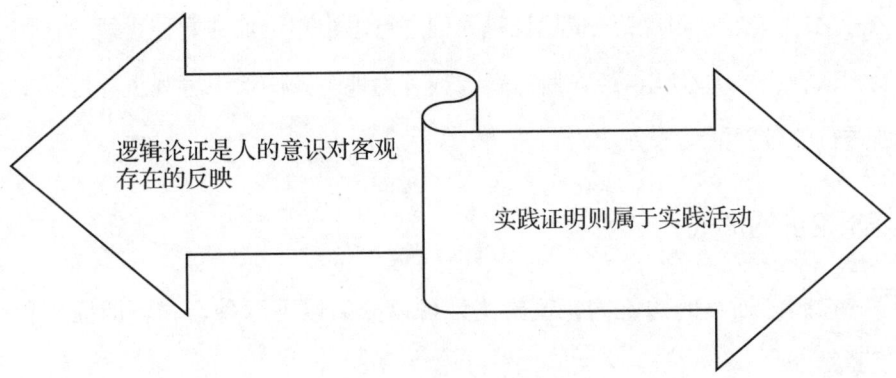

不仅如此，逻辑论证所得结果的真假最终也需要通过实践来检验。当然，逻辑论证毕竟是一种有着严谨科学性的论证方法，在实际运用的广度与深度上要比实践证明更具有普遍性和概括性。同时，推理可以从已知推出未知，所以逻辑论证能够对未知事实进行推测或预见，这对人们的认识活动有着非常重要的意义，是实践证明所不具备且无法比拟的。

假如说实践证明是人们对客观事物的感性认识，那逻辑论证就是以此为基础形成的理性认识。事实上，逻辑论证就是将通过实践证明了的结论上升为具有普遍意义的理论，并用这些理论对客观事物进行更加广泛和深入的研究。

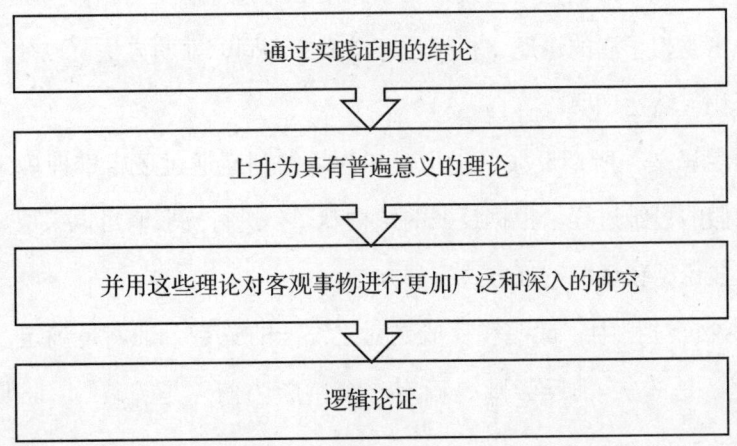

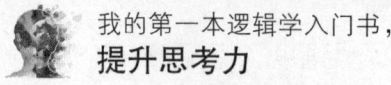

总之，实践证明和逻辑论证是人们进行思维和论证的两种手段，它们互相依存、互为补充，像左膀右臂一样有力地为人们认识客观世界过程中所进行的各种活动服务。

逻辑论证的形式

按照论证目的的不同，逻辑论证可以分为以下两种形式，即证明和反驳。

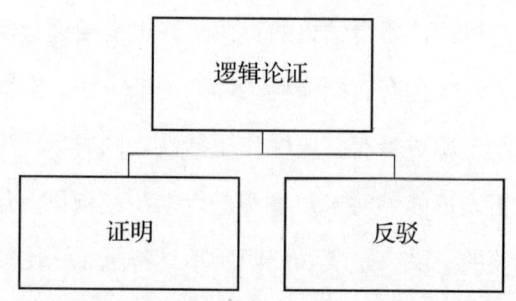

所谓证明，指用已知为真的判断通过逻辑推理确定另一判断为真的思维过程。比如，论证"增加子女遗传性疾病的发生几率"为真的过程就是一个证明过程。在证明论题真实性的过程中，根据是否需要借助反论题可以分为两种证明方法，即直接证明和间接证明。所谓反论题，指证明过程中跟原论题相矛盾的论题。根据论证方式的不同，证明方法可以分为必然性证明和或然性证明。

顾名思义，所谓反驳，指用已知为真的判断通过逻辑推理确定另一判断为假的思维过程。根据反驳的结构不同，进行反驳时可以采取反驳论题、反驳论据和反驳论证方式三种方法。

在论证过程中，证明和反驳是对立统一的关系。证明是确定一个判断为真，是"立"，反驳则是确定一个判断为假，是"破"；证明是用来证实正确的,而反驳则是用来批判谬误的。这是二者的对立之处。但是,确定一个判断为假,也就是确定对它的证明不成立。或者说,反驳某个判断,就是证明其否定判断;证明某一判断,也就是反驳其否定判断。

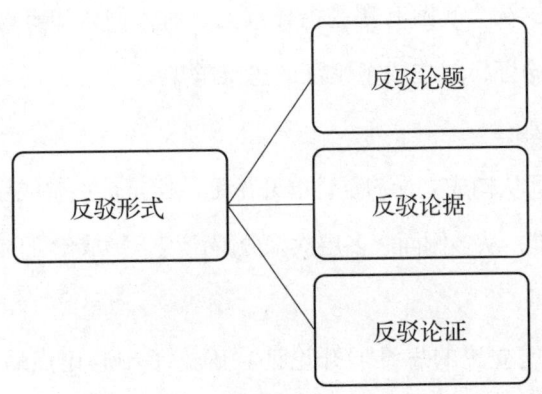

由此可知,反驳中包含着证明,证明中也包含着反驳。它们并不是互相排斥的,而是互为补充、相辅相成的。在复杂、艰苦或漫长的论证过程中,往往需要综合运用证明和反驳两种不同的形式,将证明真理和反驳谬误结合起来。

按照论证逻辑的整体分类,我们可把它分为以下六种。

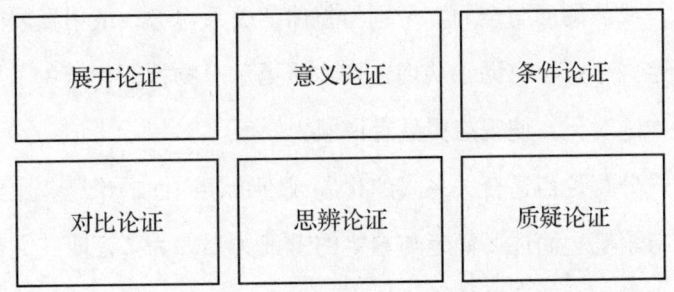

1. 展开论证

展开论证即依照因果立论思维展开论证,有果而因或有因而果分解论点。把中心论点当做是结果，追问造成这种结果的原因有哪些，形成这一结果需具备哪些要素，这些原因或要素构成了论证的几个分论点。

2. 意义论证

意义论证即从探究立论意义的思维展开论证。其所持论点具有哪些价值，对人们的社会实践有哪些指导意义，对人们认知事物有哪些认识价值，由此展开论证，就构成了论证的思维框架。

3. 条件论证

条件论证即从构成立论的条件展开论证。所持论点要成立，需具备哪些条件，据此思维，从多侧面、多层次来分解论点，形成论证的思维与层次。

4. 对比论证

从正反对比立论的思维展开论证。确立了中心论点后，可以从与论点相反的观点进行反向论证，进而从原因、现象、结果的各层次上分解论点。或从形成观点的多侧面因素分解论点，在正反对比中突出事物或现象的优劣，从而论证观点的正确性。

5. 思辨论证

思辨论证也称辩证分析式论证。是指"本论"部分对中心作辩证分析，从事物的两方面进行辩证分析论证，或一分为二认识事物，或从比较异同思索，或从侧面与全面、个别与整体的关系思考，或用发展的观点分析问题，这些分析都有助于从现象到本质揭示事物特征，避免了思想认识的片面性、绝对化，使观点更具有说服力。

辩证式分解论点适合关系式的论题或不带倾向性的论题。比如周先慎的《简笔与繁笔》简述了简笔与繁笔的辩证关系。为了证明"文章的繁简不可单从文字的多寡论"的中心论点，文章辩证地分析了简与繁的两个侧面，从事理方面说明"单以文字多寡"断定是"繁冗拖沓"还是"简练"是不成立的，说理有礼有节，观点难以辩驳。

6. 质疑论证

从质疑立论的思维来展开论证"本论"部分的各层次，层层深入，步步推进，先后的顺序不可调换，这就是纵向层进式论证结构。这种层进式的结构，反映了人们对客观事物的认识的一般顺序，即由此及彼、由表入里、由浅入深、由现象到本质的逻辑顺序，当然也可以按照有果而因的推理思路来展开论述。

逻辑论证的特征

通过上述分析可知，逻辑论证有两个基本特征：其一，逻辑论证要通过推理形式来实现；其二，逻辑论证的已知判断，即论据，必须是真实的。

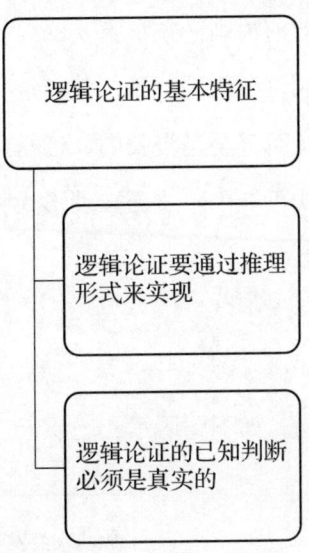

推理不仅是逻辑论证的手段，还是进行逻辑论证的必要条件。逻辑论证离不开推理，不通过推理形式进行的论证是不符合逻辑的，比如，实践证明就没有通过推理形式来进行论证。此外，跟推理一样，逻辑论证也要遵循各种逻辑规律和规则，并且通过判断出的真假关系进行推演。实际上，逻辑论证的论据就是推理的前提，而其论题则是推理得出的结论。

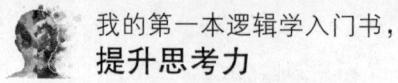

比如，地球是圆形的（论题），因为任何为圆形的物体，从其中某点出发一直往前走（论据），最终都会回到原点。麦哲伦就是从西班牙起航，最后又回到了西班牙（论据），这是对"地球是圆形"的证明。我们可以用推理形式来表示这个论证过程中任何为圆形的物体，从其中某点出发一直往前走，最终都会回到原点。麦哲伦就是从地球的某点（西班牙）出发，最后又回到了这一点。所以，地球是圆形的物体。

上面这个逻辑论证的两个论据就是推理的大小前提，而其论题则是推理的结论。由此可见，逻辑论证的结构就是颠倒后的推理形式，推理是已知前提在前，结论在后；逻辑论证则是结论在前，已知前提在后。

除此之外，还要注意的是，推理是由已知推出未知，并不要求已知前提都为真，而逻辑论证的前提则必须是真实的；推理的过程相对要更为单一，只要推理形式正确且符合推理规则，就能进行有效的推理，而逻辑论证的过程要复杂得多，有时甚至是漫长的，通常是各种推理形式的综合运用。而且，除了论证方式可能因不遵循推理形式和规则而出现错误外，论据和论题也可能是错的。

逻辑论证的作用

关于逻辑论证的作用，如下图所示。

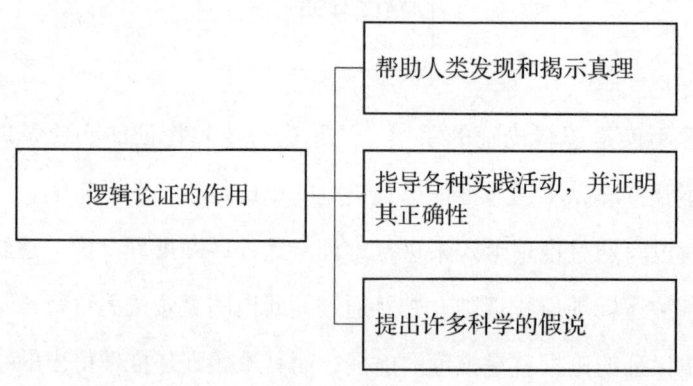

1. 逻辑论证能帮助人类发现和揭示真理

逻辑论证也是一个思维过程，是意识对客观事物及其规律的反映。而对客观事物及其规律进行严密的逻辑论证，对发现和揭示出这些规律和真理也是有帮助的。

2. 逻辑论证指导各种实践活动，并证明其正确性

在发现规律或真理后，为了让人们接受、信服且广泛运用它指导各种实践活动，还必须借助逻辑论证来证明其正确性，并在论证的过程中达到传播真理、推广知识以及揭露、反驳谬误的目的。

3. 逻辑论证提出许多科学的假说

在科学研究中，逻辑论证也发挥着重要作用。很多科学假说就是通过逻辑论证提出的，而科学假说对科学理论的确定以及科学体系的建立又有着不可忽视的影响。因此，可以说，除少数公理外，大部分科学理论都是通过逻辑论证确定的，没有逻辑论证就没有科学理论体系。

在日常生活中，逻辑论证也是人们表达或反驳某一观点，或者进行人际沟通的重要手段。比如，在病情诊断、刑事侦查、审判、辩论写作以及演讲等各种活动中，人们都能够通过使用逻辑论证使自己的思想或判断变得更加严谨、完整、有说服力。

由特殊到一般：归纳推理

所谓归纳推理，就是根据一类事物的部分对象具有某种性质，推出这类事物的所有对象都具有这种性质的推理，简称归纳。

归纳是从特殊到一般的过程，从相对不普遍的论断到相对较普遍的结论的推理。例如，当看到天空乌云密布、燕子低飞、蚂蚁搬家等现象时，我们会得到一个判断：天要下雨了。这就属于归纳推理。

完全归纳推理和不完全归纳推理

根据考察对象范围的不同,我们通常把归纳推理分为完全归纳推理和不完全归纳推理。又把不完全归纳推理分为简单枚举归纳推理和科学归纳推理。如下图所示。

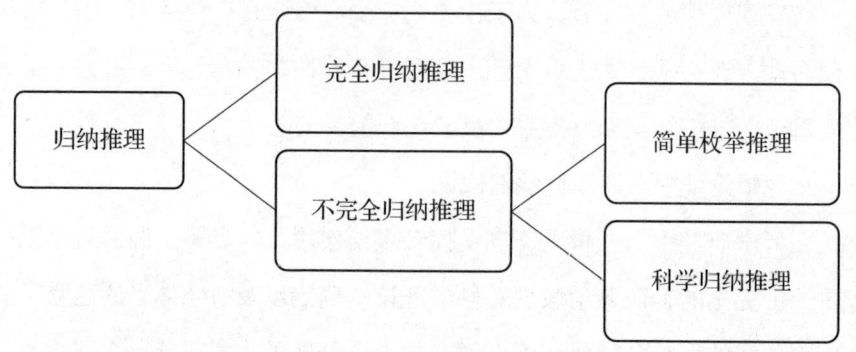

1. 完全归纳推理

完全归纳推理是根据某类事物每一对象都具有某种属性,从而推出该类事物都具有该种属性的结论。

例如:锐角三角形的面积等于底乘高的一半;直角三角形的面积等于底乘高的一半;钝角三角形的面积等于底乘高的一半;所以,凡三角形的面积都等于底乘高的一半。其逻辑形式如下:

S_1 是 P

S_2 是 P

……

S_n 是 P

S_1,S_2,…,S_n 是 S 类的全部对象,所以,所有 S 都是 P

综上所述,完全归纳推理的特点是:其前提和结论之间的联系是必然的。

运用完全归纳推理要获得正确的结论，必须满足两条要求：第一个条件是在前提中考察了一类事物的全部对象；第二个条件是前提中对该类事物每一对象所作的断定都是真的。

完全归纳推理具有两个方面的作用。

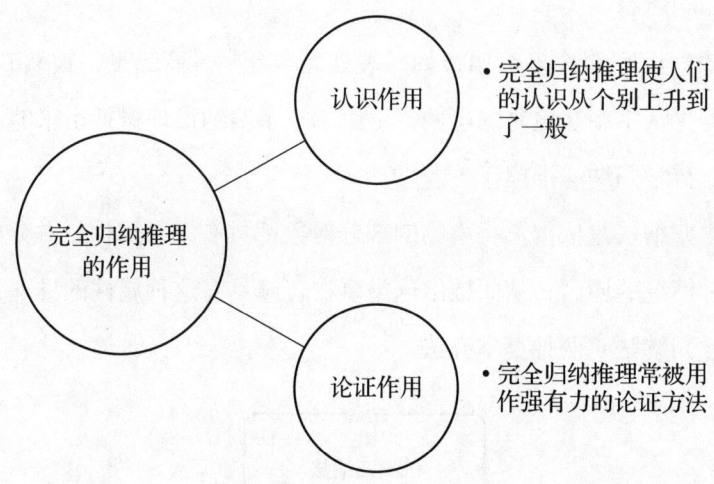

(1) 认识作用

完全归纳推理根据某类事物每一对象都具有某种属性，推出该类事物都具有该种属性，使人们的认识从个别上升到了一般。

(2) 论证作用

因为完全归纳推理的前提和结论之间的联系是必然的，所以常被用作强有力的论证方法。

2. 不完全归纳推理

不完全归纳推理是根据某类事物部分对象都具有某种属性，从而推出该类事物都具有该种属性的结论。不完全归纳推理包括简单枚举归纳推理和科学归纳推理。

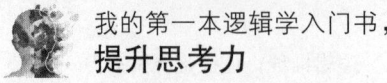

(1) 简单归纳推理

在一类事物中,根据已观察到的部分对象都具有某种属性,并且没有遇到任何反例,从而推出该类事物都具有该种属性的结论,这就是简单枚举归纳推理。

比如,"天鹅是白的",只是根据很多天鹅都是白的作出的推断,并没有完全归纳所有的天鹅。

比如,民间的许多谚语,如"瑞雪兆丰年""鸟低飞,披蓑衣"等,都是根据生活中多次重复的事例,用简单枚举归纳推理概括出来的。

(2) 科学归纳法推理

科学归纳法是依据某类事物的部分对象都具有某种属性,并分析出制约着这种情况的原因,从而推出这类事物普遍具有这种属性的推理方法。

科学归纳法有两种基本方法。

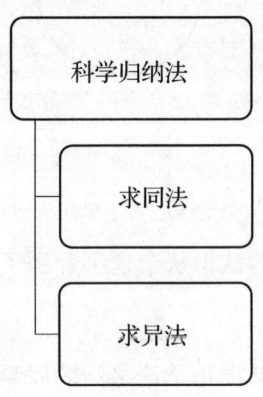

把出现同一现象的几种场合加以分析比较,在各种场合中,如果有一个相同的条件,那么,这个条件就是在各种场合都出现的那个现象的原因,这叫做求同法。

而某种现象在一个场合出现,在另一个场合不出现,这两个场合只有一个条件不同,那么,这个条件就是出现这种现象的原因,这叫做求异法。

值得注意的是，归纳推理的前提是真实的，但结论却未必真实，有可能为假。如根据某天有一只兔子撞到树上死了，推出每天都会有兔子撞到树上死掉，这一结论很可能为假。

归纳法的作用

归纳方法在科学研究、技术发展和管理决策过程中均具有重要的作用。

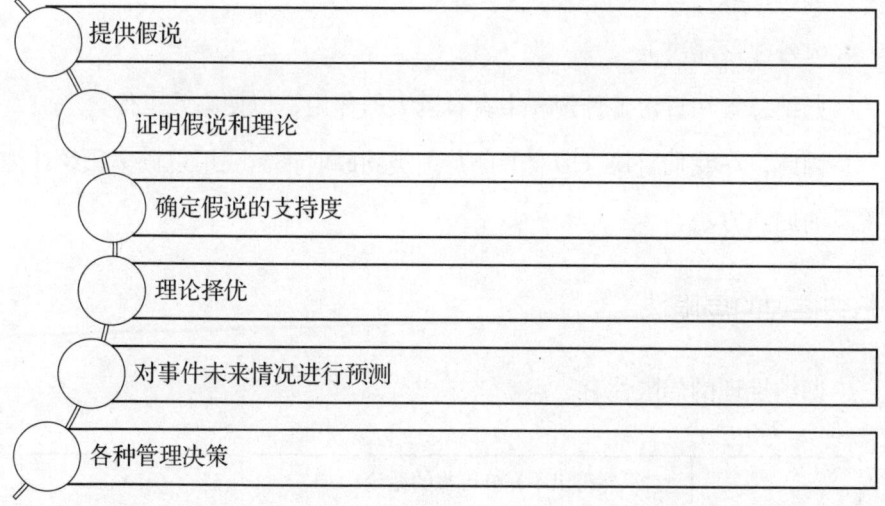

1. 提供假说

简单枚举归纳法、类比和消除归纳法在科学发现和技术发明方面都起着重要的作用。如光的波动说的提出和飞机的发明过程中，类比法都起了不可缺少的作用。

2. 证明假说和理论

完全归纳法和数学归纳法在这方面具有突出的作用。证明三段论的规

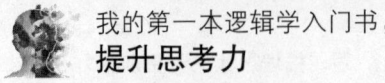

则要用到完全归纳法；证明数学定理离不开数学归纳法。

3. 确定假说的支持度

以概率和统计方法为工具的量的归纳法对确定假说的支持度或置信度起着决定的作用。

4. 理论择优

这也要靠量的归纳法。

5. 对事件未来情况进行预测

归纳总结若干相通事物的共同点，以达到对这类事物未来将会发生的事情的预报或者断言。

6. 各种管理决策

归纳总结在日常各种管理中有着巨大的作用，以便高效工作。

因此，在我们解决（5）和（6）两类问题时都需要用以概率和统计为工具的归纳方法。

归纳推理的局限性

归纳推理的局限性有三点。

	它只能得出不充分可靠的结论
归纳推理的局限性	它未必把握住事物的本质
	它所概括的是事物的过去，难以概括它的发展和未来

归纳推理在概括事物的共性时，把事物的属性看做某种既成的东西、静态的东西，它所概括的是事物的过去，难以概括它的发展和未来。

从普遍到特殊：演绎推理

演绎推理的逻辑形式对于理性的重要意义在于，它对人的思维保持严密性、一贯性有着不可替代的校正作用。

这是因为演绎推理保证推理有效的根据并不在于它的内容，而在于它的形式，演绎推理的最典型、最重要的应用，通常存在于逻辑和数学证明中。

所谓演绎推理，就是从一般性的前提出发，通过推导即"演绎"，得出具体陈述或个别结论的过程。

演绎推理的逻辑形式对于理性的重要意义在于，它对人的思维保持严密性、一贯性有着不可替代的校正作用。

关于演绎推理，还存在另外几种定义，如下图所示。

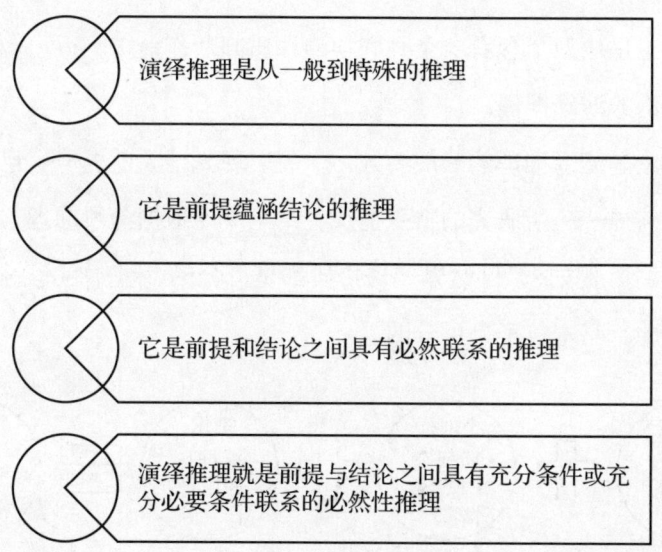

演绎推理是严格的逻辑推理，大前提、小前提、结论的三段论模式：即从两个反映客观世界对象的联系和关系的判断中得出新的判断的推理形式。

演绎推理的形式

演绎推理有三段论、假言推理、选言推理等形式。

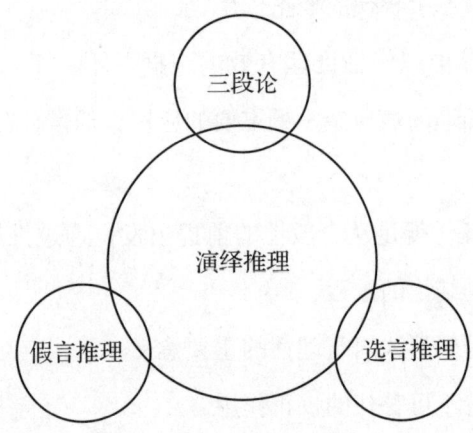

1. 三段论

三段论是由两个含有一个共同项的性质判断作前提，得出一个新性质判断为结论的演绎推理。

三段论是演绎推理的一般模式，一般表现为：大前提——已知的一般原理，小前提——所研究的特殊情况，结论——根据一般原理，对特殊情况作出判断。例如："自然界一切物质都是可分的，基本粒子是自然界的物质，因此，基本粒子是可分的。"

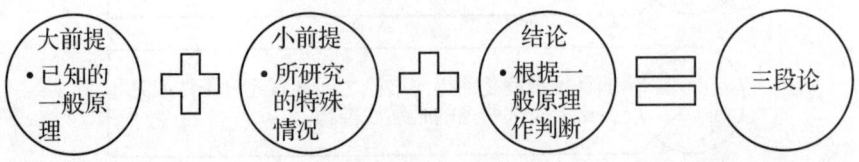

根据上图，结论中的主项叫做小项，用"S"表示，如上例中的"基本粒子"；结论中的谓项叫做大项，用"P"表示，如上例中的"是可分的"；两个前提中共有的项叫做中项，用"M"表示，如上例中的"自然界的物质"。

在三段论中，含有大项的前提叫大前提，如上例中的"基本粒子是可分的"；含有小项的前提叫小前提，如上例中的"基本粒子是自然界的物质"。三段论推理是根据两个前提所表明的中项 M 与大项 P 和小项 S 之间的关系，通过中项 M 的媒介作用，从而推导出确定小项 S 与大项 P 之间关系的结论。

下面我们再举一个例子，思考下面这个论证：

（1）所有哺乳类动物都是温血动物（大前提）。

（2）鲸鱼是温血动物（小前提）。

（3）因此，鲸鱼是哺乳类动物（结论）。

在这个三段论中，结论为真，但该结论根本不能从前提逻辑中演绎出来。前提（1）并没有说所有温血动物都属于哺乳类动物。假如前提（1）的确如此表示，则它肯定是错误的。事实上，许多证据表明恐龙是温血动物（它们是动物），而鸟类也是温血动物（它是动物）。所以，前提（1）与前提（2）并不能逻辑地推导出结论（3）。因为前提（1）虽然为真，但它却不能包含有些温血动物不属于哺乳类动物的事实。

演绎推理的基本要求是：一是大、小前提的判断必须是真实的；二是推理过程必须符合正确的逻辑形式和规则。演绎推理的正确与否首先取决于大前提的正确与否，如果大前提错了，结论自然不会正确。

2. 假言推理

顾名思义，假言推理就是以假言判断为前提的推理，假言推理分为充分条件假言推理和必要条件假言推理两种，如下图所示。

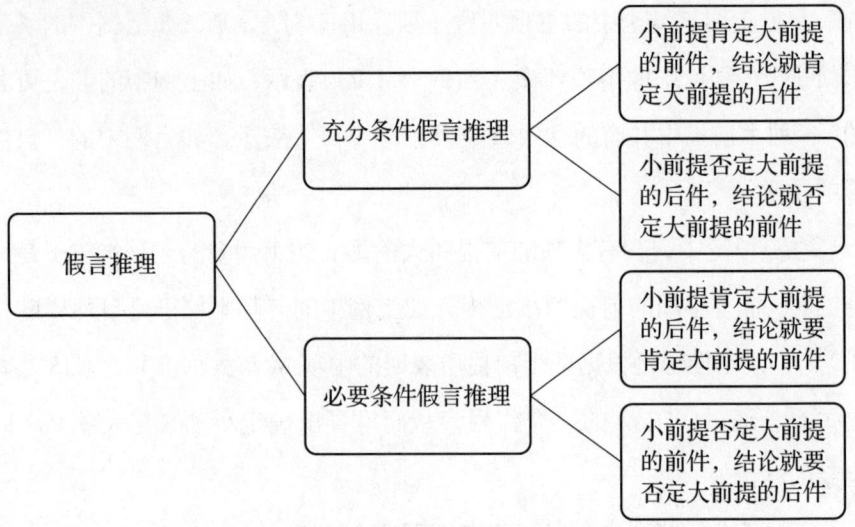

充分条件假言推理的基本原则是：小前提肯定大前提的前件，结论就肯定大前提的后件；小前提否定大前提的后件，结论就否定大前提的前件。

例如，如果一个图形是正方形，那么它的四边相等；这个图形四边不相等，所以，它不是正方形。例子中的大前提是一个假言判断，所以这种推理尽管与三段论有相似的地方，但它不是三段论。

必要条件假言推理的基本原则是：小前提肯定大前提的后件，结论就要肯定大前提的前件；小前提否定大前提的前件，结论就要否定大前提的后件。

例如，育种时，只有达到一定的温度，种子才能发芽；这次育种没有达到一定的温度，所以种子没有发芽。

3. 选言推理

选言推理是以选言判断为前提的推理。选言推理分为相容的选言推理和不相容的选言推理两种。

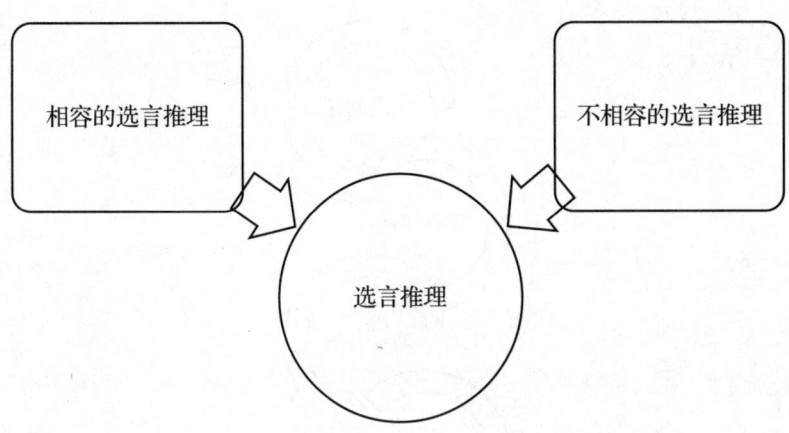

相容的选言推理的基本原则是：大前提是一个相容的选言判断，小前提否定了其中一个（或一部分）选言支，结论就要肯定剩下的一个选言支。

例如，这个三段论的错误，或者是前提不正确，或者是推理不符合规则；这个三段论的前提是正确的，所以，这个三段论的错误是推理不符合规则。

不相容的选言推理的基本原则是：大前提是个不相容的选言判断，小前提肯定其中的一个选言支，结论则否定其他选言支；小前提否定除其中一个以外的选言支，结论则肯定剩下的那个选言支。

例如，一个三角形，要么是锐角三角形，要么是钝角三角形，要么是直角三角形。这个三角形不是锐角三角形和直角三角形，所以，它是个钝角三角形。

熟知演绎思维方法

如果想成为成功的思考者，熟练掌握演绎思维方法，就要在解决问题时重视下列 4 个步骤。

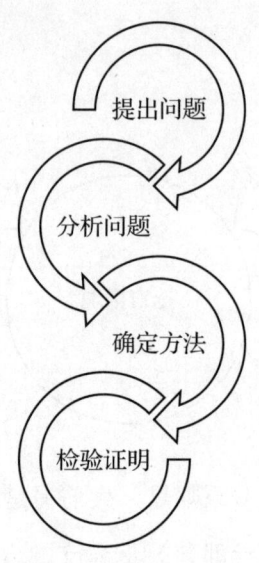

1. 提出问题

多问几个"为什么",这对发现问题的本质特征大有帮助。

2. 分析问题

要尽可能多地寻找线索,不要被一开始就发现的解决办法和答案所诱惑,而忽略了别的办法。

3. 确定方法

除了那些一眼就能看出似乎有道理的解决办法之外,还要探索其他的方法,特别在采纳现成的方案时要格外留心,仔细判断一下这种情况跟你的情况究竟有什么相同的地方。最好别采用那些还未在你这种情况下检验过的解决方法。

4. 检验证明

在找到解决办法之后,我们还要对其进行检验和证明,看看这些办法是否有效,是否能解决所提出的问题。不少人到了上一步就停止了,这其实是不完整的,而且也是不科学的。

归纳推理与演绎推理的关系

综上所述，我们来总结一下有关归纳推理与演绎推理的关系。

主要区别

- 思维的起点不同
- 前提与结论联系的性质不同

相互联系

- 两者互相依赖、互为补充
- 在归纳推理的过程中要应用演绎推理对某些归纳的前提或者结论加以论证

1. 主要区别

思维的起点不同：归纳推理是从特殊性到一般的认识过程；演绎推理是从一般到特殊性的认识过程。

前提与结论联系的性质不同：归纳推理的结论一般超出了前提所断定的范围（完全归纳推理除外），其前提和结论之间的联系不是必然的，而只具有或然性；演绎推理的结论和前提之间的联系是必然的，其结论不超出前提所断定的范围。一个演绎推理只要前提真实并且推理形式正确，那么，其结论就必然真实。

2. 相互联系

归纳推理与演绎推理，在人们的认识过程中是紧密的联系着的，两者互相依赖、互为补充。演绎推理的一般性知识（大前提）的来源，来自于归纳推理概括和总结，从这个意义上说，没有归纳推理也就没有演绎推理。

归纳推理也离不开演绎推理。在归纳推理的过程中，人们常常需要应用演绎推理对某些归纳的前提或者结论加以论证。从这个意义上也可以说，没有演绎推理也就不可能有归纳推理。正如恩格斯指出的："归纳和演绎，正如分析和综合一样，是必然相互联系着的。"

从相似点出发的推理：类比推理

在逻辑学上，类比推理是根据两个或两类对象在某些属性上相同，推断出它们在另外的属性上也相同的一种推理。

类比推理亦称为"类推"，是推理的一种形式，是根据两个对象在某些属性上相同或相似，通过比较而推断出它们在其他属性上也相同的推理过程。它是从观察个别现象开始的，因而近似归纳推理。但它又不是由特殊到一般，而是由特殊到特殊，因而又不同于归纳推理。这是科学研究中常用的方法之一。

例如，声和光有不少属性相同，如下图所示。

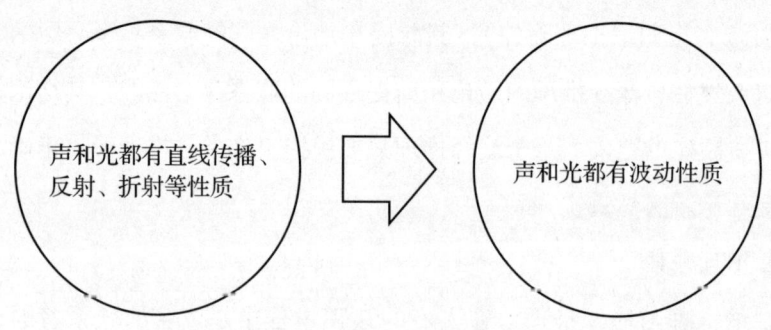

即声和光都有直线传播、反射、折射和干扰等现象；由此推出，既然声有波动性质，那么光也有波动性质。

下面我们再来举两个例子，有家公司在铁路沿线依次开设了三家药店，它们呈一条直线。但很长时间过去了，销售额总是上不去，经理非常着急。

第6章
逻辑推理，让论证更加有力

有一天，又急又恼的经理上了电车准备回家。在电车上，他看见几个小学生，都把手指套在三角尺的窟窿里，用一只手转着玩，经理盯着三角尺看了许久，他忽然觉得眼前一亮。此时，他想起以前看过的关于军队战略战术的书："这些直线排列的点，很容易被外力阻断运输线路，这正是失败的最大原因。为了和友军保持密切的合作，应该确保至少三足鼎立。"

想到这里，他变得非常激动。回到家里，他拿出地图，看着呈直线分布的三家药店，不觉恍然大悟："假如把三家药店呈三角形分布，那就取得了中间部分的面积，居住在三角形里的人肯定都会来买我的药了。"

说干就干，经理就立刻着手调整药店的位置。果然，没过多久，营业额逐渐上升，效益也越来越好。

格罗培斯是享誉全球的建筑大师。他从事建筑研究40多年，成功解决很多建筑方面的难题，在世界各地留下了70多处精美的杰作。在设计迪斯尼乐园时，格罗培斯同样花费了很多心血。在迪斯尼乐园快要完成施工、对外开放时，他还没想好如何铺设各景点之间的道路。我们来看看他最后是怎样解决这一问题的。

为了按计划竣工和开放，施工部打电话给正在法国参加庆典的格罗培斯大师，请他赶快定稿。关于迪斯尼乐园的路径设计，格罗培斯也觉得很伤脑筋，尽管已经修改了50多次，但他对自己的作品并不满意。现在接到施工部的催促，格罗培斯更加着急了。巴黎的庆典一结束，他就让司机驾车带他去了地中海海滨。他想清醒一下，并尽快把设计方案定下来。

汽车在法国南部的乡间公路上奔驰，这里是法国著名的葡萄产区，放眼望去都是当地农民的葡萄园。一路上，格罗培斯看到不少农民将新

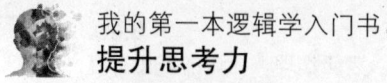

摘的葡萄提到路边，向过往的车辆和行人兜售，然而却很少有人停下来购买。当他们的车子进入一个小山谷时，格罗培斯看到那里停着许多私家车。

原来这儿是一个无人看管的葡萄园，行人只要向路边的箱子里投入5法郎，就可以自行摘一篮葡萄。

据说，这座葡萄园的主人是一位老太太，她因年迈无力打理才想出这个办法。起初她还担心这种办法葡萄卖不出去，谁知在这绵延百里的葡萄产区她的葡萄是卖得最快的。老太太的这种给人自由、任其挑选的做法使格罗培斯深有感触，他下车摘了一篮葡萄，就让司机调转车头，送自己回巴黎。

回到住处，他给施工部发了一封电报：撒上草种提前开放。施工部按要求在乐园撒了草种，时间不长，小草出来了，整个迪斯尼乐园的空地都被绿草覆盖。在迪斯尼乐园提前开放的半年里，草地被踩出一条条小路，这些踩出的小路有宽有窄，优雅自然。

第二年，格罗培斯让人循着这些踩出的痕迹铺设了人行道。更令人意外的是，1971年在伦敦国际园林建筑艺术研讨会上，迪斯尼乐园的路径设计得到了与会者的认可，被评为世界最佳设计。

这就是类比推理，类比推理具有或然性。如果前提中确认的共同属性很少，而且共同属性和推出来的属性没有什么关系，这样的类比推理就极不可靠，称为机械类比。

类比推理的形式

要找到一把合适的钥匙来打开一把锁，你首先要了解这把锁的构造。因此想找到破解类比推理的"万能方法"，就必须先来了解一下类比推理到底是以什么形式出现的。

类比推理形式分为完全类推和不完全类推两种形式,如下图所示。

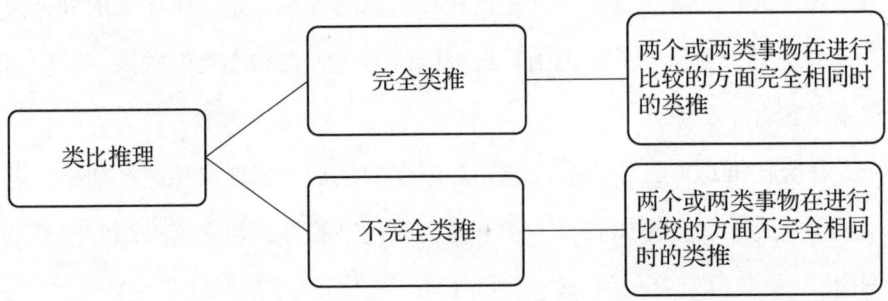

也就是说,完全类推是两个或两类事物在进行比较的方面完全相同时的类推;不完全类推是两个或两类事物在进行比较的方面不完全相同时的类推。

类比推理的 10 个关系

类比推理具有十种关系,具体如下图所示。

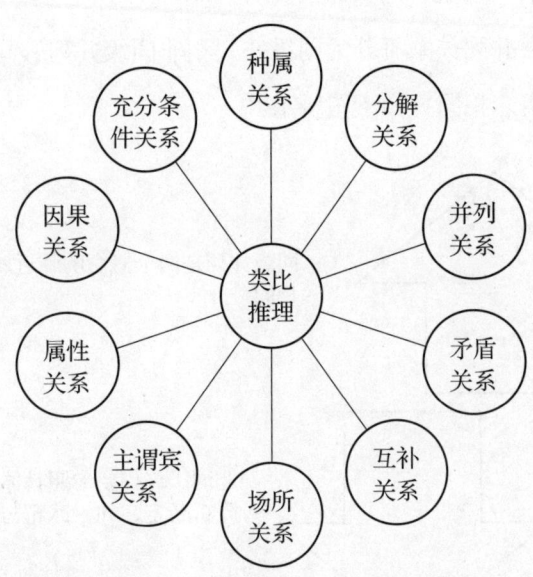

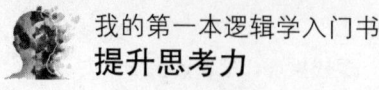

1. 种属关系

种属关系又称包含关系,是物种和所属的关系,是一个概念的外延包含并大于另一个概念外延范围,也可以认为是大类和小类的关系,其逆向关系是包含于关系。

在类比推理应试中,要注意先后顺序的区别,如老鼠和哺乳动物,老鼠属于哺乳动物;再如教科书和书籍,教科书的外延包含于书籍的外延范围内。

2. 分解关系(构成关系)

分解关系是对合成事物拆分后构成的关系,即整体和部分的关系。

比如:"汽车"与"汽车轮胎"、"国家"与"城市"等。在上述两个例子中,汽车和汽车轮胎之间是分解关系,国家和城市之间是分解关系。反之,汽车轮胎和汽车之间、城市和国家之间就是构成关系,因为汽车轮胎是部分,而汽车是整体;城市是部分,国家是整体。

3. 并列关系(同义、近义、同类)

概括地说,并列关系可分为同级并列和非同级并列。同级并列是两个概念的临近属概念相同,如下图所示。

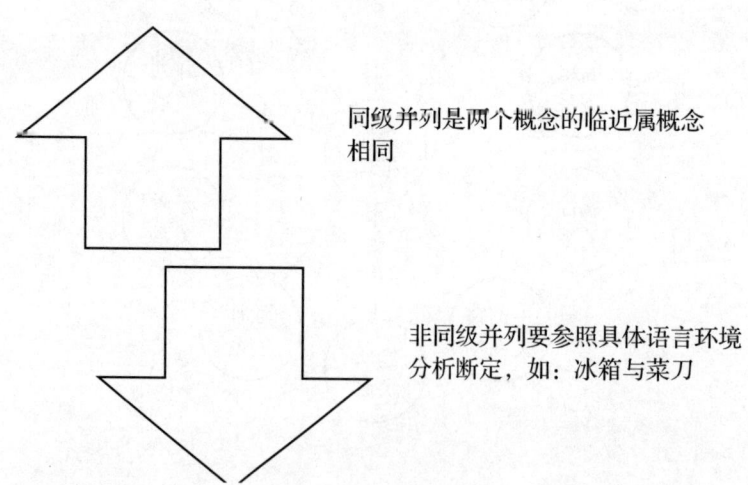

同级并列是两个概念的临近属概念相同

非同级并列要参照具体语言环境分析断定,如:冰箱与菜刀

因此，通常情况下我们把同义、近义、同类、同一等等关系都归为并列关系，也就是它们在同一个所属下是两个同级的种。严格说来矛盾关系也应看作一种并列关系。

4. 矛盾关系（相对关系）

严格来说，这种关系应该属于并列关系的一个很特殊的类。所谓矛盾关系，就是我们所说的对立关系，也就是在同一个所属下的两类事物或者词语的相对或相反关系。

比如"美丽和丑陋"，这两个词语都是对外在视觉的描述词语，属于同一个属类，而他们又是相互反义的，即为相对关系。

5. 互补关系

所谓互补关系是指两个相互组合才能构成一个整体或者一个完整的事物或现象的关系。互补关系不同于并列关系。

例如，网球和网球拍，如果只存在一个事物，那么对于整体功能是没有意义的，不可能实现其存在的价值或者功能。

6. 场所关系

场所关系主要是指事物和其所处的场所关系。场所关系的范围极其广泛，现实中的很多场景都反映的是场所关系。例如，工人和工厂，这是很具体的场所关系。

7. 主谓宾关系（主动客关系）

主谓宾很容易理解，我们在学习语言的时候，听得最多的主谓宾关系。

主谓宾关系是指主体、动词和客体的关系，如下图所示。

主体一般是关系和动作的发出者或者主动者，动词是具体表明主体动作的范围和形象化，客体则是关系或者动作的接受者或者被动者。

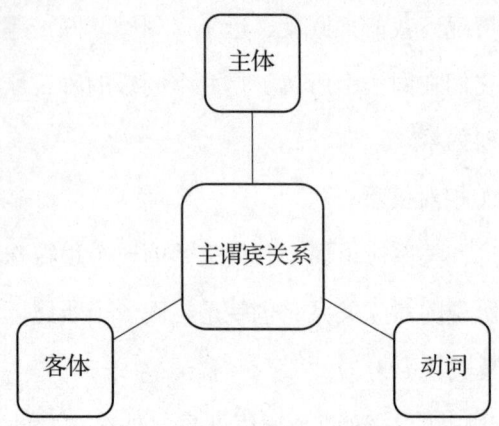

8. 属性关系

属性是事物具有的某些性质或者功能，分为本质属性和非本质属性。本质属性是事物固有的属性，具有必然性；反之，则为非本质属性。进一步讲，这种属性关系可以抽象化，引申出一种代表关系来，例如，红灯停、绿灯行等。

9. 因果关系

顾名思义，因果关系就是一个事物发生导致另一个事物发生的原因和结果之间的关系。因果关系又可以分为以下几种关系。

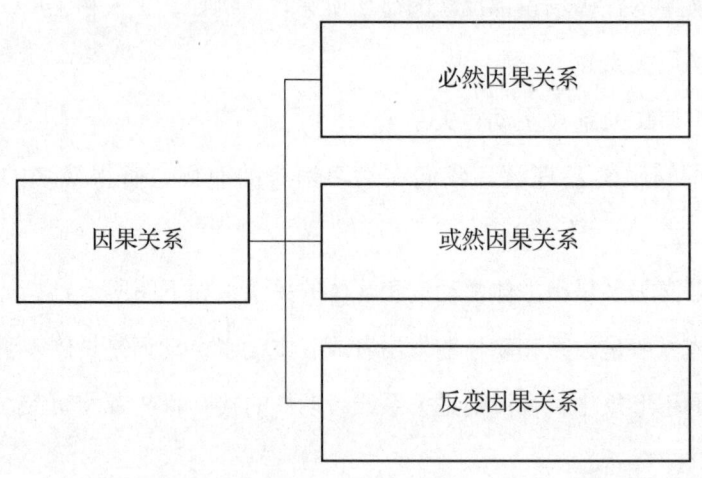

(1) 必然因果关系

必然因果关系，其逻辑属性与充分条件关系类似。

(2) 或然因果关系

或然因果关系是指事物间的原因和结果存在某种联系，但不充分也不必要。例如：地震与海啸等。

(3) 反变因果关系

"反变"是对概念的断定或否定后而形成的因果联系。如：阳光与黑暗，有阳光，就必然不黑暗；没有阳光，是否黑暗不能确定（可以有灯光、烛光等）。黑暗就是没有阳光；不黑暗，是否有阳光不能确定。

在具体分析中，要辨别其中某个概念一旦反变，两者要具有必然（充分）因果关系的性质。上例中"有阳光，就必然不黑暗"就变化为具有必然因果关系的属性。但是，如果变化为"没有阳光就黑暗"显然是谬误。

10. 充分条件关系（逆向必要）

很多时候所给的两个词语或事物并不仅仅是简单的可以逆转的映射关系，而是可以由前者必然性的得出后者，但这种必然关系却并不一定是可逆的。

例如，手术与消毒：正向看，手术一定要求消毒；但是反过来，消毒的并不仅仅是手术。

对事物进行合理的预测：假设推理

在我们解决疑难问题的时候，假设思维是最基本、最常用的思维方法，几乎任何问题的解决都需要先进行一个或一些假设，然后再小心地求证。

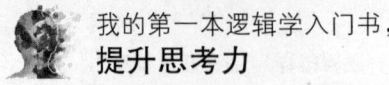
我的第一本逻辑学入门书，
提升思考力

众所周知，假设是运用思维、想象，对所研究的事物的本质或规律的初步设想或推测，是对所研究的课题提出的可能的答案或尝试性理解。

假设并不是单纯主观思辨的产物，也不是以荒诞的臆造为基础的虚妄、任意、离奇的猜想，而是依据事实和科学知识的基础，对未知领域作有规律的推测。

假设的陈述的形式

假设是对变量间可能存在的关系的一种预测性陈述。它是以已有的事实材料和科学原理为依据，经过逻辑推理，对未知事实及其规律作出的一种假定性阐释。假设是以一个可检验的命题形式陈述的。陈述的形式主要有三种。

	条件式陈述
假设的陈述方式	差异性陈述
	函数式陈述

1. 条件式陈述

其形式是"如果A，则B"。

2. 差异性陈述

其形式是"A不同，B亦不同"。

3. 函数式陈述

其形式是"y 是 x 的函数",或写作 $y = f(x)$。

假设是我们常用的手段,那么,假设形成的途径有哪些呢?如下图。

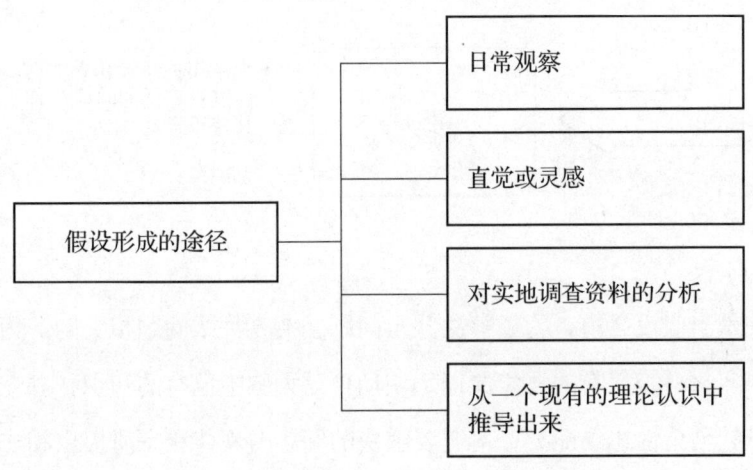

所以,日常观察、直觉或灵感、对实地调查资料的分析,以及从一个现有的理论认识中推导出来是假设的形成途径。

假设思维的形成

假设思维,指根据已知的科学原理和一定的事实材料,对事物存在的原因、普遍规律或因果关系进行假定、说明和科学解释的思维方法。

人们基于一定目的而做出的假设,只是对事物的存在原因和规律性的初步假定说明。因此,它具有推测的性质,它提供给人们的知识也不是确凿可靠的,还需要科学的论证和实践的检验,因此假设的成立不能脱离实践验证。

一般来说,假设思维的运用和操作要分两步走。

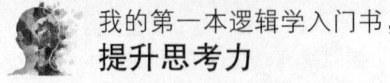

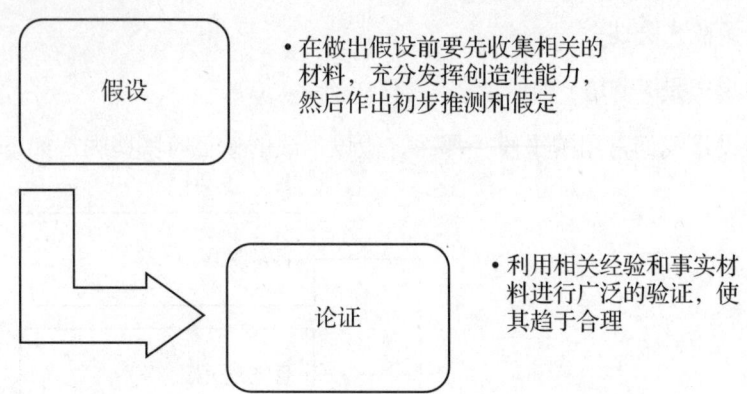

1. 假设

在做出假设之前,为了解决某个问题,要收集跟问题相关的、为数不多的事实材料和已有的科学原理,调动自己大脑中已有的知识,并充分发挥自己的创造性思维能力,对需要解决的问题的规律和本质提出初步的推测和假定,即作出假设。

2. 论证

假设只是初步的猜测和假定,接下来就要利用有关理论和尽可能多的经验事实材料,进行广泛的验证。这样不仅可以充实假设,还可以修正假设,使其趋于合理。

例如,唐朝的时候,唐太宗为了边境的和谐,将文成公主下嫁吐蕃国君松赞干布。据说,在决定嫁给松赞干布之前,曾有来自各地的4位少数民族使者,请求唐太宗将文成公主嫁给他们的国君。那么,吐蕃的使者是如何求亲成功的呢?

唐太宗难作出抉择,为求公平,他出了5道难题让各国使者来解答,哪国使者赢了,公主就嫁给哪国国君。吐蕃国君松赞干布的使者禄东赞便是4位使者中的一员。

其中有两道难题是这样的:

第6章
逻辑推理，让论证更加有力

第一题，太监拿来一颗孔内有9道弯的"九曲明珠"，要求使者用一根很细的丝线穿过去。各位使者不停地用手去穿线，丝线一直穿不过去。这时只见禄东赞命人捉来了一只大蚂蚁，将丝线轻轻拴在蚂蚁身上放入孔内，再在另一个孔端抹上一些蜜糖。很快地，蚂蚁就由这一端爬到另一端，丝线也被顺利带了出去。

第二题，马厩的两边各关100匹母马和100匹小马，要求使者们轮流辨认出每匹小马的妈妈。使者们将栅栏打开，让小马到母马堆里，觉得小马应该对母马会比较亲近。但是，事实并非如此，因为母马看也不看身边的小马，小马也自顾自地玩耍。前三位使者只好根据马身上的花纹随便乱猜乱配。

最后，轮到禄东赞来辨马时，他要仆役将小马关上一天，并且不给水喝。第二天仆役打开了栅栏，渴极了的小马纷纷奔向自己的妈妈找奶吃。于是，禄东赞成功辨认出了小马的妈妈。就这样，聪明的禄东赞为他年轻的吐蕃国君松赞干布娶回了文成公主。

禄东赞的聪明在于，他先假设每一个问题都是可解的。

首先，第一题中，他先假设丝线会像眼睛似的走过9道弯，顺利地由另一端出去；然后，他又动脑筋想什么东西可以钻过小孔，又长眼睛，如何才能引诱它走出去；于是，他想到了蚂蚁，以及用蜜糖来引诱蚂蚁。

第二题中，他先假设小马都会自动奔向母马；然后，他考虑用什么方法去诱导那些小马，于是，他想到小马的天性，也就是吃奶！这种假设思考帮助禄东赞由结果往前推理，从而顺利地解开了难题。

这种为了解决问题而提出一些假设，然后围绕假设再进行质疑的思维方法就是假设思维。假设思维法的主要特征就是"有目标性地质疑"，既然目标明确了，那解决问题的办法自然更容易找到。

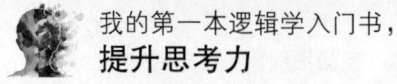

假设的作用与特征

在社会学研究中,假设起着重要的导向作用,它能规划出研究工作的方向;研究者可以从假设中的一般关系推论到具体关系,而这些具体关系是可以设置指标加以测定的;通过对一系列指标的测定,证实或否定假设,就可以促进理论的发展,充实科学知识。

首先,假设可指导科研沿着一定方向行动。假设是科研设计的主要依据之一,一个良好的假设可以提示哪一种研究设计才能够配合研究的需要。

其次,假设可指导资料的收集。假设是研究问题和解决问题所需证据的桥梁,它指导研究者收集解决问题所需要的证据和资料,使研究者对有用的重要的材料更加敏感。

通常,我们看到的假设特征有以下三点。

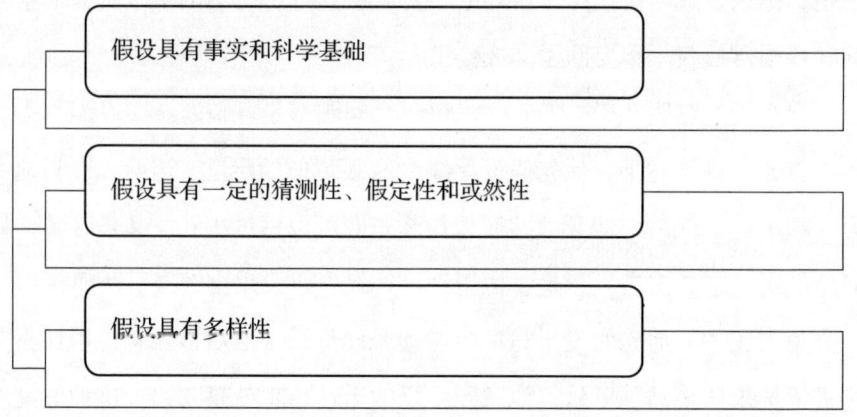

由于假设所依据的事实材料和科学知识有限,又要以此为基础进行预见,所以以不同的事实材料和科学知识为依据,必然会出现不同的假说。

第三篇
演练运用逻辑思维

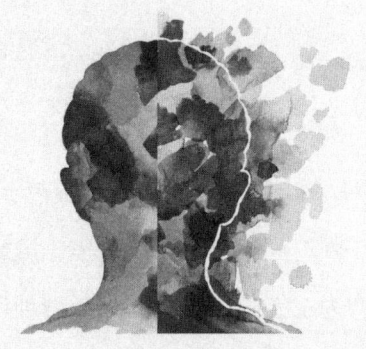

第 7 章
非黑即白的思考方式

假如有人告诉你，一个复杂的问题只有两种做法或两种可能的解决方式，不要相信他。假如有人告诉你，只有一种做法，那他一定是错的。非黑即白的思考通常是错的，它使我们忽略处境的复杂，并打消我们寻找其他解决方式的想法。

无论如何，非黑即白的概括性陈述具有一种诱惑力，因为它们常包含一定程度的真理，但却非完整的真理。完整的真理需要考虑事实与证据，并且要耗费精力去思考复杂的问题，而不是那些过度简化的部分事实或证据。要想正确地评估复杂观点与问题，就要懂得分析所有证据。

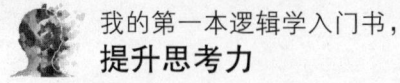

强迫症的定义

我想,你一定对"强迫症"这个词语不感到陌生,网络上对"强迫症"是这样表述的:强迫症(OCD)属于焦虑障碍的一种类型,是一组以强迫思维和强迫行为为主要临床表现的神经精神疾病,其特点为有意识的强迫和反强迫并存,一些毫无意义、甚至违背自己意愿的想法或冲动反反复复侵入患者的日常生活。

患有强迫症的人虽体验到这些想法或冲动是来源于自身,极力抵抗,但始终无法控制,二者强烈的冲突使其感到巨大的焦虑和痛苦,影响学习工作、人际交往甚至生活起居。

那么,强迫症和逻辑思考方式有什么关系呢?这主要是借鉴了强迫症的症状,如下图所示。

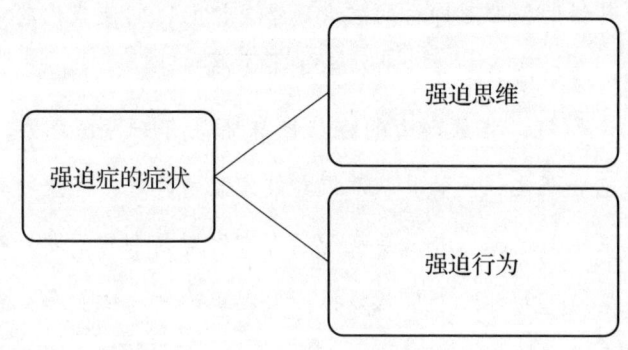

有些人的思考方式,就如同强迫症的症状,比如在工作中,常常怀疑自己的工作是否做完,并且反复证实自己的工作是否完成,甚至在晚上睡觉之前,都会再次对工作是否完成这件事情,产生怀疑和焦虑。

或者是在生活中,出门之前,明明已经将门窗关好,但是,出门之后却反复怀疑门窗是否关紧,内心中一定要得到一个"关好门窗"和"没有关好门窗"的答案。

具有强迫逻辑思维的人的烦恼并不完全来自于自寻烦恼，而是常常在生活中遇到小问题后会不断地想象未来会遇到的这个小问题派生出来的很多问题甚至大问题，这种被错误预计的问题将严重影响目前的工作和生活的状态，更严重的会导致行为失当，表现出一些强迫症的症状。

综合来说，也就是这种逻辑思维方式具有强迫的性质，同时，这种具有强迫性质的逻辑思维方式也往往导致了强迫性质的行为。如下图所示。

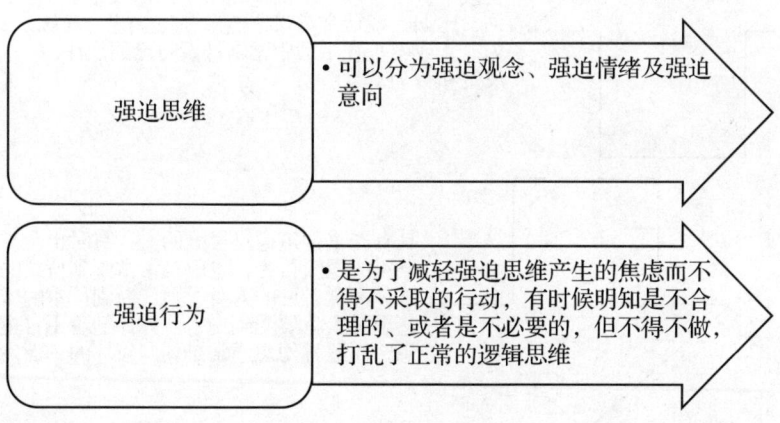

这种具有强迫性质的逻辑思维具有以下特点。

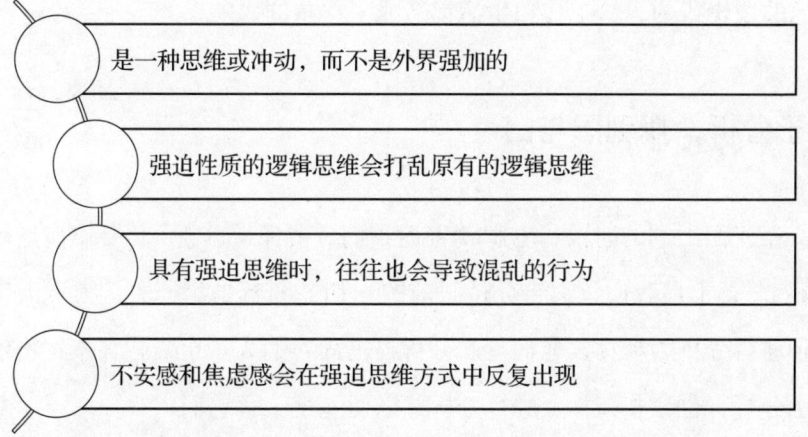

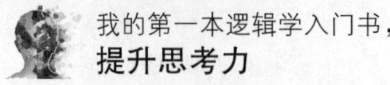

如果你在生活中或者是工作中也是常常怀疑工作是否做完、门窗是否关好，甚至坐立不安，非要回单位去证实工作是否完成，或者是非要打车回家确认门窗是否关好，那么，你就要小心了，是不是你也具有这种强迫性质的逻辑思维呢？

检查你是否具有这种强迫性质的逻辑思维很简单，如下图所示。

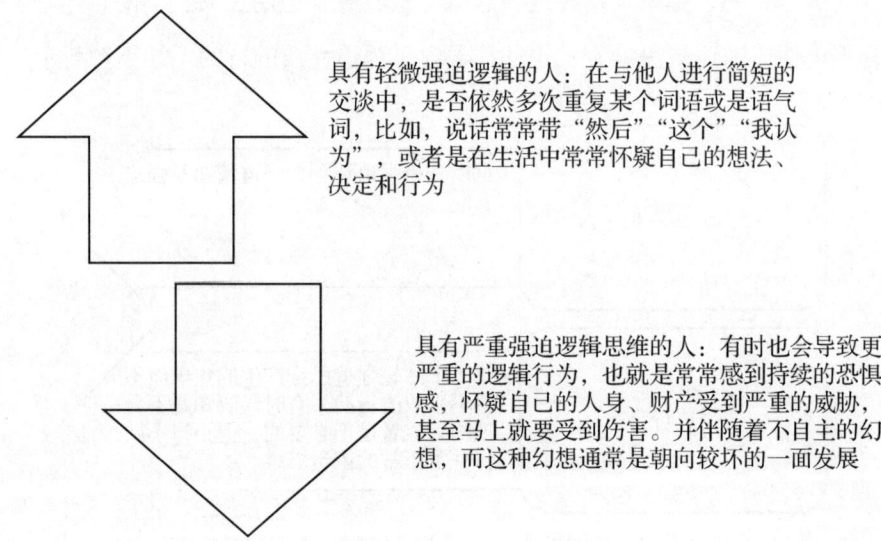

具有轻微强迫逻辑的人：在与他人进行简短的交谈中，是否依然多次重复某个词语或是语气词，比如，说话常常带"然后""这个""我认为"，或者是在生活中常常怀疑自己的想法、决定和行为

具有严重强迫逻辑思维的人：有时也会导致更严重的逻辑行为，也就是常常感到持续的恐惧感，怀疑自己的人身、财产受到严重的威胁，甚至马上就要受到伤害。并伴随着不自主的幻想，而这种幻想通常是朝向较坏的一面发展

可以说是幻想增加了恐惧感，总之重度强迫逻辑思维的人会难以控制自己的逻辑行为，给工作和生活都造成了严重的影响。

善于分析，找到黑与白

在我们上学的时候，老师就告诉我们"要懂得分析""要搞清楚每一个环节"，于是我们致力于分析眼前的一切。分析是第一关，人类天生是一种懂得分析的动物，他们喜欢分析自己面对的人和事，就算不在物理结构上分析，也会在精神上进行分析，以便完全了解它们。

但仅仅分析是不够的，我们还要能把它们重新组合成整体。

比如，郭跃喜欢拆卸汽车，他可以把任何款式的汽车拆开，但是不能把它们重新组装起来上路行驶。通过这点，我们可以得出一条结论：实际上，郭跃可以分解汽车，但是，没有组合的能力。

很明显，仅会分析是不完整的。

分析的首要目的

分析的目的，并不是简单地弄清楚事物是由哪些部分组成的，而是要搞明白这些组成部分是如何相互联系、相互作用，最终组成一个整体的。借用纯粹的数量学的术语来表述，就是：整体大于部分的总和。

分析的目的

☐ 搞清楚事物的组成部分

☐ 弄清楚各部分之间的相互联系

☐ 发现各部分之间的相互作用

如果你对事物的本质已经充分了解了，那么就应该有能力将分解的事物重新组合起来。现在很多人工作起来似乎从来不多加思考，不分析，只会跟着别人的指示去做事，凭着自己的感觉去工作，结果，上次做过的事情，这次还是不会做。

对一件事物分析的过程就是对一件事物的思考过程，实际上就是我们的认知从现象到本质、从感性到理性、从具象到抽象的过程。

思考其实是一个分析的过程，由于思考，我们才能够认识事物内部、事物与事物之间的联系。在思考的过程中，我们要学会对照比较、归纳概括、融会贯通、举一反三，如下图所示。

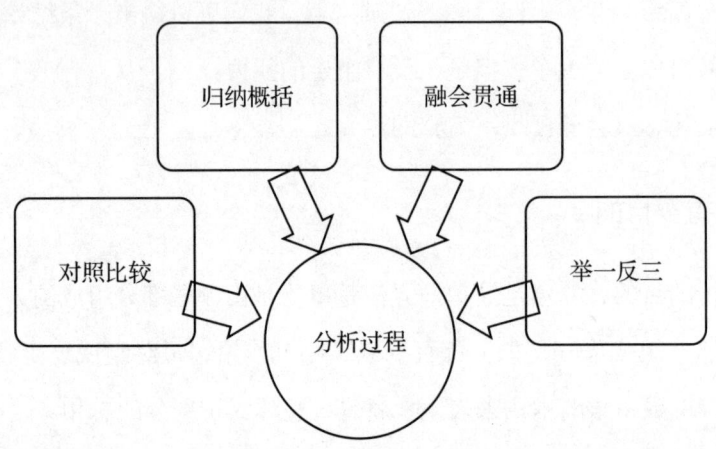

例如，你真的认为，希特勒只是个残忍暴虐的纳粹恶棍，即便他有其他的美德，也无法掩盖他的罪行，相反地，丘吉尔与罗斯福则是完美的典型？事实上，人类太多样也太复杂，不可能完全符合这种呆板的分类方式。"人只有两种，不是完全不会犯错，就是从来不干好事"，这种说法跟我们的经验相悖。

而且，世上没有人是完全始终如一的。在集中营里进行屠杀的纳粹分子，会在寒冷的天气里喂食饥饿的鸟儿。当然，善待动物的行为并不能弥补他们犯下的邪恶罪行。尽管如此，这些不值一提的慈爱行为证明，就算是最邪恶的人，也不会完全没有同情心的。复杂的事情无法简单地加以判断，复杂的人类亦是如此。

所以说，有时候保留、折中与妥协不完全是坏事，我们应该避免视事物为非黑即白，避免不适当的推测与过度概括。

再比如，案件调查过程中，很难碰到在现场发现明显物证的完美情况，这种情况下，警察一般会调查审问以下人群：目击证人或与案件前后有关联的人，了解嫌疑人基本信息的人，能证明嫌疑人不在犯罪现场的人，近期与嫌疑人来往的人等。

由此，在搜集情报的时候，一定要与客观事实或已定事实进行分析。应该对其提供的情报持有一定的怀疑，不要盲目地相信或带给人主观臆断，否则就很容易被绕进去。而在接收对方信息的同时，也要经过与客观事实进行分析，来提高陈述的可信度。

所以，在案件的调查过程中，警察需要把多方位的供词整合起来，进行综合分析、多次分析，因为只有这样，这些信息才能发挥其真正的作用。

分析的次要目的

善于分析问题是解决问题的关键，在实际工作中，要经过认识问题、分析问题和解决问题这样一个程序。作为一个好的员工，首先要利用自己的知识善于发现问题和认识问题，连问题都找不到，就谈不上解决问题了。

对问题不能正确地分析，也就不能找到正确解决问题的方法，或者根本不可能找到解决问题的方法。只有正确认识到问题的所在，并进行了正确分析，才能根据工作实际，找到解决问题的方法，并最终将问题得到较好地解决。

解决问题的能力本身包括两方面，一个是针对问题现象提出应急解决方法；另一个是针对问题根源提出的风险管理和预警机制。问题分析和解决本身就应该是一种通过迭代不断收敛的过程，因此根源分析和机制建立就显得更加重要。

例如，现在工作要求更高了，自己时常感到工作不像以前那么顺畅自如了。有时很用心写出来的材料，几乎被推倒重来，于是，无形的压力就

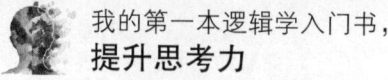

接踵而至了。

解决问题的能力
• 一个是针对问题现象提出应急解决方法 • 另一个是针对问题根源提出的风险管理和预警机制

解决能力不足的问题，最好的办法就是学习。但是，学习也是需要用思维进行分析的，一味地闷头学习，究竟学到多少，能用上多少，都说不清。学而不思则罔，空忙一周，不如深思一天。

很多时候，之所以学习效果不理想，是因为欠缺非常重要的分析与思考。学了，知其然，但不知其所以然，没有真正吃透所学内容的精髓，导致学习效果大打折扣。

学习不能急于求成，不能一口吃成一个胖子，在有效思维状态下，需要做到以下三点。

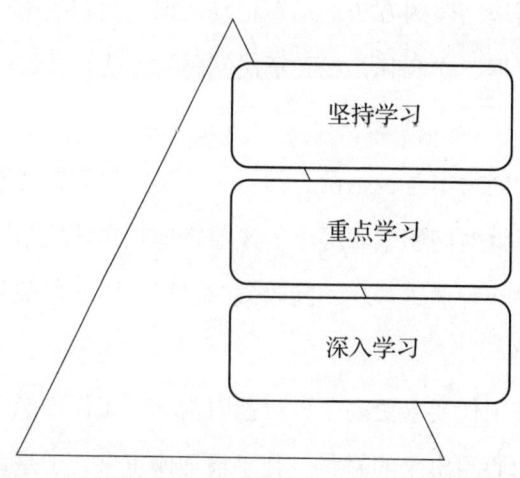

1. 坚持学习

不管工作多忙,每天都抽出时间学点东西,持之以恒,久久为功,一定会有效果的。

2. 重点学习

要学的东西太多,时间精力有限,只能挑眼前最需要、最重要的东西学,集中火力重点突破。

3. 深入学习

精选一些经典的讲话、总结、文件、评论,好好分析、思考、研究,把写材料的思路、规律性的东西找出来,指导自己实践。

分析问题的途径

但是,分析问题也需要有效的思维,在有效的思维下,可以按照下图中的方法分析问题。

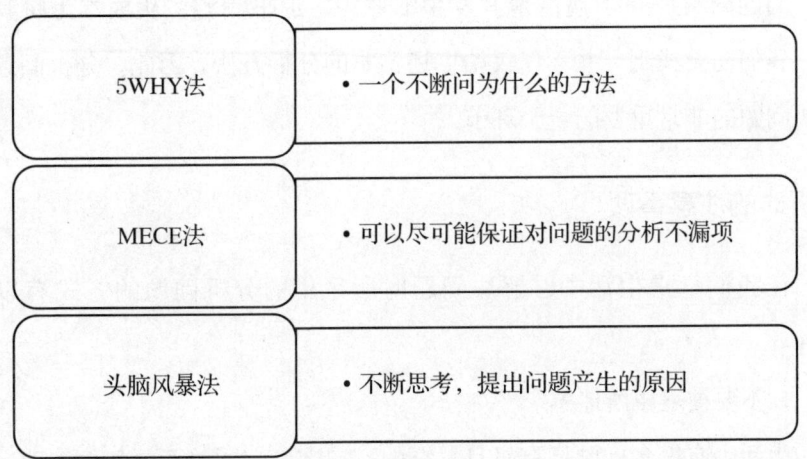

1. 5WHY 法

顾名思义,"why"这个英语单词的含义是"为什么",那么,5WHY

法就是一个不断问为什么的方法，从问题的表象出发，不断刨根问底，就像剥洋葱一样，一层一层往下分析，直至找到事情的根源。对于不同的原因，采取不同的应对措施。

2. MECE 法

这个方法的原则是相互独立完全穷尽，是由麦肯锡咨询公司提出的。运用这样的方法可以尽可能保证对问题的分析不漏项，对问题的发生有一个全貌的了解。找到事情发生的原因所在，当找到原因的时候，那么问题就已经解决了一大半了。

3. 头脑风暴法

头脑风暴法就是指通过不断思考，提出问题产生的原因，找灵感来分析疑难问题，集思广益、智慧众筹。运用这样的方法还可以充分调动员工的积极性。值得注意的是，实施此方法是必须注意风暴过程中所要遵循的原则。

问题的解决在于搞清楚其发生的原因，追根溯源，从根本上将其解决，我们需要找到一些不仅仅治标还治本的分析方法。因此，分析问题是解决问题的非常重要的一个环节。

分析时的注意事项

在我们日常生活中，解决问题时所采用的分析问题的方式有以下六种。

1. 不要被表象所迷惑

生活中有很多问题是有机且复杂的，在定义问题前不要急于行动。沿着正确的方向前行通常不会花很多时间，但因为方向不清而走冤枉路，那就是白费功夫。

```
┌─────────────────────────────┐
│  不要被表象所迷惑            │
│  利用经验，避免重复工作      │
│  避免千篇一律                │
│  不要为你的提案去"找事实"    │
│  确保解决方案适合你的客户    │
│  解决不了的问题，Let it go   │
└─────────────────────────────┘
```

2. 利用经验，避免重复工作

不难发现，其实，很多事情都有共通性，这意味着运用少数几个解决方法，就可以回答广泛的问题。

这些方法也许在公司里、书本上、同事脑子里，实在没有就自己摸索。闭关锁国的结果就是与世界脱轨，如果能更好地利用别国的经验，那么，可以将更多的精力投入到其他有价值的领域中去。

3. 避免千篇一律

很多问题都有相似点，但这并不意味着对它们采取同样的解决方案。不要盲目相信自己的直觉，分析与积累会提高你对事物的判断准确度。

4. 不要为你的提案去"找事实"

不要为你的提案刻意去找事实支撑，这样你会很容易陷入思维误区，走进死胡同。正确的做法是：保持开放与灵活，不要让假设成为正确思维发展道路上的的绊脚石。

5. 确保解决方案适合你的客户

要想为客户提供最佳的解决方案，你需要分析清楚客户需求，组织优势、劣势以及能力局限。

6. 解决不了的问题，Let it go

当你所触及的问题已经超过认知范畴，令你束手无策时，不如重新定义问题、调整实施方案、攻克其他难关。

选择很重要，是 A 或者是 B

人们对自己的思维逻辑的了解是一个过程，很多时候，当我们了解了自己的想法，发现自己做错的时候，宝贵的时间已经过去。人生不可重复，所以，学会了解自己，做出正确的选择，具有无比的重要性。

选择的方向需要有逻辑性

在人的一生中会面临很多选择，它不仅仅决定了我们一个判断方向、答案以及结果，重要的是他抉择了人的思维模式，甚至影响到了人生命运。有人说："命运真不公平，为什么别人可以有权有势，自己是穷人。别人很幸运，自己很倒霉……"但是我们自己有没有站在一个能够顾全大局的方向上、一个站在拥有大价值的思维方式上去选择？

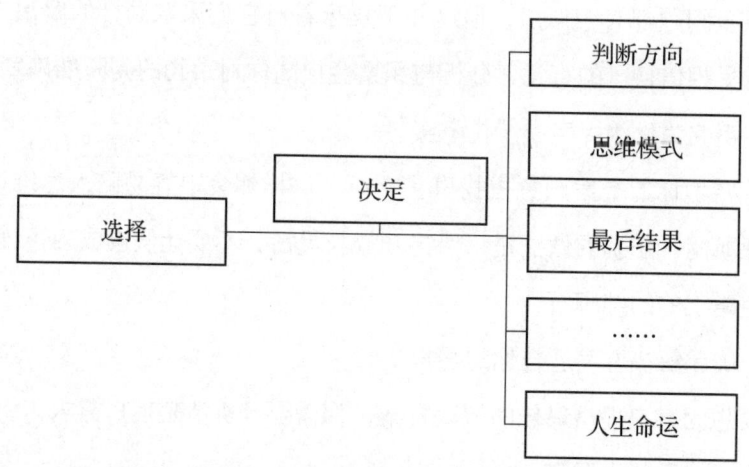

第7章
非黑即白的思考方式

例如，如果张飞选择了一条自学的路，也许张飞现在可能什么都还学不好甚至什么都还不会。但是，这个选择对张飞来说，却决定了张飞未来人生的一个发展方向和思维的发展模式，这个选择同时也许会决定张飞的下半生，因此，对于一件事情仅仅做一次选择我想是不够的。

这里，我们来看张飞认为的两次错误的选择。

高中的时候，张飞并没有认真想想到底什么是自己的兴趣，而是因为当时流行的"学会数理化，走遍天下都不怕"，选择了学理科。没想到高考的结果也不错，考试结果是市里前第20名，因为不懂那些报考院校的事情，就随便选了一个理工科大学。这是张飞第一次选择失误。

本科念完后考研究生，按理该做出更加合理的重新选择，可人都有依赖性，思维惯性，自己仍旧选择理工方面读研究生，但工作后还是受到初心的召唤而转方向了。所以自己念理工方面研究生的那几年时间，可以说是有些浪费。这是张飞第二次选择失误。

选择放弃也是一种态度。其实人生处处充满了选择。当我们选则了一个方向，就意味着放弃另一条路，所以这个是相对的。但是一个方向的对错只有看你是用什么样的逻辑去看待了。

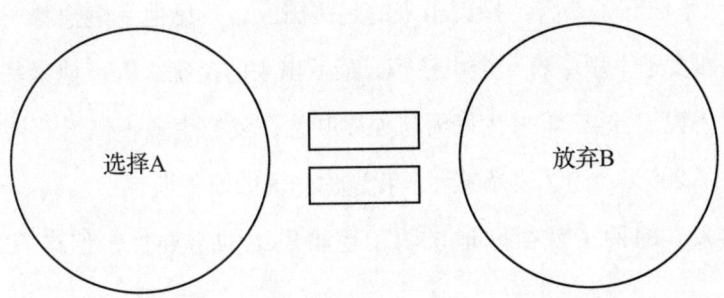

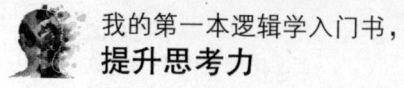

选择逻辑的重要性

一个企业的发展亦是如此，方向比速度更重要，在没有明确的选择思维逻辑以前，单纯地谈速度是没有太大意义的，甚至有时等待优于行动。没有明确的逻辑思维就行动，是我们平时所说的瞎折腾，瞎折腾的结果就是无序导致无效。

在这个世界上，通向成功的道路何止千万条，但你要记住：所有的道路，不是别人给的，而是你自己选择的结果，你有什么样的选择，就有什么样的人生；你有什么样的职业选择，你就拥有什么样的职业生涯；你今天的现状是你几年前选择的结果，你今天的选择决定你几年后的职业状况。

那么究竟如何来做选择？

相信大家都听过这则故事：有三个人要被关进监狱三年，监狱长满足他们三个一人一个要求。美国人爱抽雪茄，要了三箱雪茄。法国人最浪漫，要一个美丽的女子相伴。而犹太人说，他要一部与外界沟通的电话。

三年后，第一个出来的是美国人，嘴里塞满了雪茄，大喊道："给我火！"原来他忘了要火。接着出来的是法国人，只见他手里抱着一个小孩子，美丽女子手里牵着一个小孩子。最后出来的是犹太人，他紧紧握住监狱长的手说："这三年来我每天与外界联系，我的生意不但没有停顿，反而增长了200%，为了表示感谢，我送你一辆劳斯莱斯！"

犹太人的例子就很好地说明了逻辑思维的重要性，但这只是一则故事。

在人生中，选择一个好的心态、选择一个好的行业、选择一个好的经营事业、选择一个优秀的另一半，都是建立在你拥有一个清晰的思维逻辑的基础上。

我们经常能够听到的一句话,那就是"选择大于努力"。这只是想烘托选择的重要性。事实上我们并不能说选择大于努力,因为选择是因、努力就是果。只有我们用清晰的逻辑思维选择了方向,然后为自己选择的去努力行动,才能得到想要的结果。

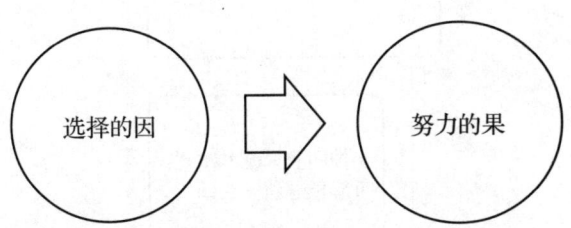

正如一句话说得好:"当你能够做出正确选择的时候。就意味着你已经走向成功了。"这是一句励志的话。但我们每个人都清楚地知道,只有很好地运用逻辑思维,才能做出正确的选择。

逻辑 + 思考力 = 逻辑思考力

关于逻辑的含义,在第一章中已经做过详细的介绍,这里,笔者就不过多地进行重复。现在我来介绍标题"逻辑 + 思考力 = 逻辑思考力"中的"思考力",什么是思考力呢?简单来说,思考力就是思考的能力。

生活或是工作也许会遇到许多奇怪的事情,很多时候只是给你提供一个想法,或是说一个范本让你参考,了解到我们遇到事情,或是思考时,可以有这样的逻辑思考念头在头脑中一闪而过。

若可以运用逻辑思考力的方法来帮助自己取得初步的了解与判断,那么后续可以节省许多时间。因为你有一个思维模式的架构可以参考,并非是在一个原地打转。

我的第一本逻辑学入门书，
提升思考力

逻辑思考力是一项重要的能力

很多人喜欢把思维分为两种类型，如下图所示。

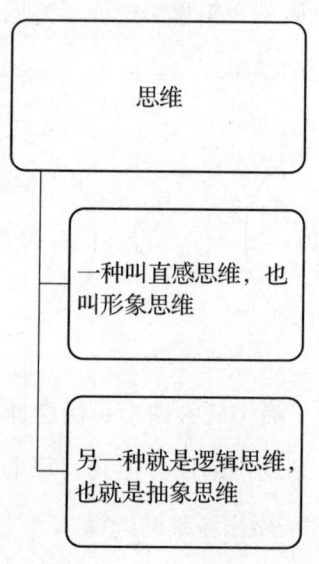

也就是说，我们认识世界主要借助这两种方式，前者借助我们自己的感官来感觉和体验，后者需要我们从已经获得的知识推论一些新的知识出来。

所谓思维，概括来说，就是我们动脑筋、想办法、找答案的过程，并且，它必须要和我们的认知过程相联系，必须要依靠我们的思考去活动。如果不和我们认知相联系，也不愿去浪费时间思考，那我们只能把它称为感知，而不是思维。

正如在本章第一节和第二节中所讲过的"强迫症"与"选择困难症"，选择困难症是因为我们不好判断自己做出的决策是否真正确，我们会纠结，纠结自己现在选择了 A，将来会不会为当初没有选择 B 而后悔。

而造成这种结果，是有原因的，如下图所示。

第7章
非黑即白的思考方式

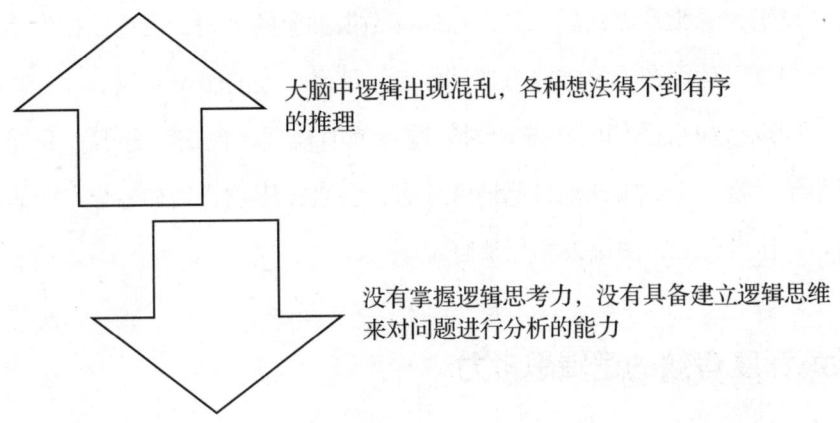

这种逻辑思考力是一项重要的能力,但却并非所有人都具有良好的思考能力。

单纯的感知与思维

有人可能会有疑问地说,我喜欢随意的生活和工作方式,时间都会把问题带走,都会解决能解决的问题,若是不能解决的问题也能够化解,那么,就没有需要可以思考的。

不可否认的是,生活中总有很多人选择的是这种随意的生活和工作方式,以至于最后变成没有计划的工作,甚至是在需要进行选择的时候,将答案寄托给掷骰子的运气。

这就是单纯的感知和思维活动的区别,如下图所示。

单纯的感知	思维活动
□ 单纯的感知,即感觉与知觉的统称	□ 需要我们的大脑对事物外部的所有素材资料进行加工整理
□ 客观事物通过感官在人脑中的直接反映	□ 把握事物的本质和规律,进而形成概念、建构判断和进行推理

195

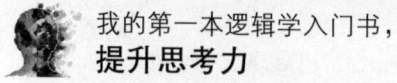

逻辑和思维是无法感知的，它们都是很抽象的名词，但是，在生活和工作中是否运用逻辑思维能力却是会给人带来很大的影响。

所以，如果我们的年度计划经过系统的梳理、制定和分解，我们会在明年一整年里非常清晰自己该做什么，会直接影响我们在各个方面的行动，会让自己变得更高效和更从容。

锻炼深度有效的逻辑思考力

在上一部分中介绍了逻辑思考力，本部分将介绍锻炼逻辑思考力的方法，也就是逻辑思考力5元素，如下图所示。

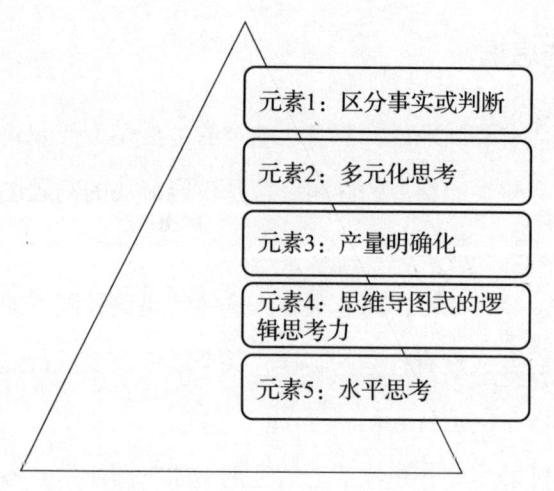

1. 元素1：区分事实或判断

事实和判断是不同的，所谓事实就是客观的、能看见的、任何人都不能否认的真实情况。

一般来说，事实都是可以验证的。比如：地点、人物名字、天气、细节、数据都是事实。日期、人数、地名、事件之间的前后次序也是事实。

而对一件未知事情正确与错误的预判，并且观察事物的时候掺杂了自己的意识，开始透过之前的经验和先入为主的观念来看待事物，就是判断。

想要理性的逻辑性思考，就需要把事实和判断区分清楚，逻辑思考就需要我们从客观的角度去认识事物，去思考事件中的证据是否客观，区别哪些是事实，哪些不是事实，然后才能得到属于你自己的清晰认知。

2. 元素2：多元化思考

生活和工作中，我们所面对的问题，总是由许多因素交织在一起的，这些因素过多过杂，会让我们看不清事物的本质。很多时候，对于一些现象，我们看到的只是突出水面的表面情况，如果想解决这个表面化的问题就要探究其产生的原因。

在这些更为复杂的问题上，如果只是单凭我们判断这是对的、那是错的这种简单的思考方式是难以研究问题的本质的，所以，培养逻辑思考力时，进行多元化思考是十分重要的。

那么，该如何进行多元化思考呢？

要培养自己有逻辑的思维方式，首先要从水平思考着手，然后再进行垂直分析。如下图所示。

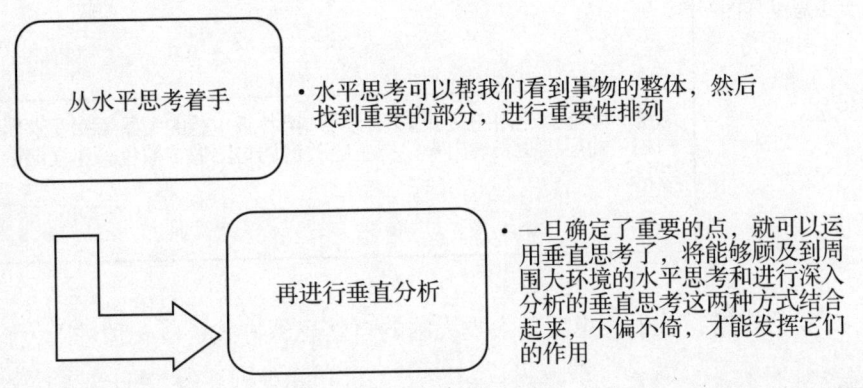

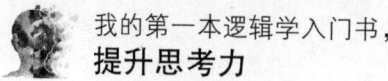

除此之外,还可以适当运用图解进行思考,通过图形、箭头、关键词等元素可以整理思绪,提高思考能力,这样手眼并用的方式,可以边写边让大脑进行充分思考,这一点和视觉化思考以及思维导图的主张是完全相同的。

3. 元素3:产量明确化

如果想从没有头绪的思考中解脱出来,不是仅仅思考是1还是0,而是寻找解决方案。不会运用逻辑思维的人,总是容易陷入工作没有头绪、毫无进展的状态中。工作完成以后一检查,才发现留下很多尾巴,不得不对很多地方再次修改。于是越做越苦恼,留下的尾巴也越来越多,这就是因为欠缺逻辑思考。

所以,在工作中,一定要习惯明确工作的产量化。

4. 元素4:思维导图式的逻辑思考力

思维导图是什么,如下图所示。

什么思维导图?	思维导图又叫心智导图,是表达发散性思维的有效图形思维工具
	思维导图是一种将思维形象化的方法
	思维导图能够运用图文并重的技巧,把各级主题的关系用相互隶属与相关的层级图表现出来,把主题关键词与图像、颜色等建立记忆链接

我们知道,放射性思考是人类大脑的自然思考方式,每一种进入大脑的资料,不论是感觉、记忆或是想法——包括文字、数字、符码、香气、

第7章
非黑即白的思考方式

食物、线条、颜色、意象、节奏、音符等，都可以成为一个思考中心，并由此中心向外发散出成千上万的关节点，每一个关节点代表与中心主题的一个连结。

而每一个连结又可以成为另一个中心主题，再向外发散出成千上万的关节点，呈现出放射性立体结构，而这些关节的连结可以视为我们的记忆，就如同大脑中的神经元一样互相连接，也就是我们的个人数据库。

以阅读一本书为例，如何通过思维导图来联系思考力呢？如下图所示。

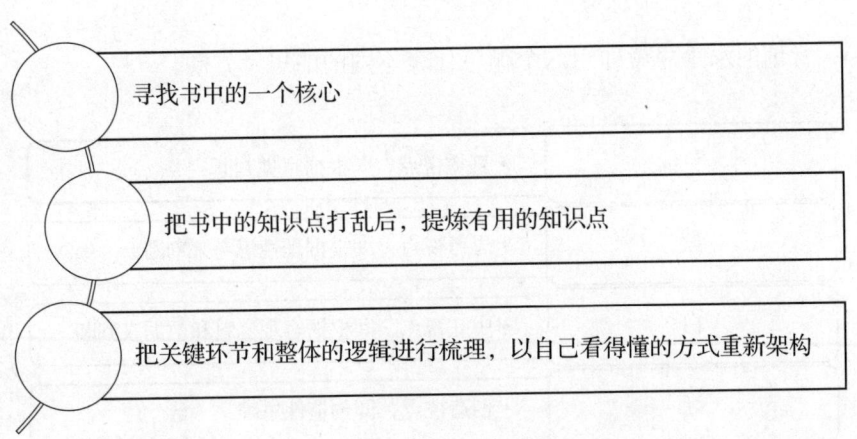

具体做法就是寻找书中的核心（这个核心会将整本书的定位非常清晰，和书名一样，就叫逻辑思考力，作者也试图从如何做出逻辑性表达、逻辑性评判、逻辑性思考、逻辑性说话、逻辑性演讲等方面，帮助读者培养逻辑思考力），然后需要把书中的内容打乱，提炼有用的知识点，把图书当成一张地图，清晰梳理全书的逻辑脉络，而不是按传统阅读线性笔记的方式。因为一般的作者在写书的时候，有些知识点会在同一章节里，有些知识点则在不同章节的不同内容里，并且每一个章节里都会传递作者的观点。

最后，以自己看得懂的方式重新架构，这个过程就是发挥逻辑思考力最大效益的时候，目的是让自己取得有系统的思考与判断能力，最后再转化出简单易懂的方式表达。

除了读书之外，在处理其他的事情时，用思维导图也可以来锻炼逻辑思考能力，通过思维导图，把难以处理的内容转换成简易的说明或是条列式的说明与要点，这个过程就是一个简单的逻辑思考——批判性思考（通过深刻洞察来得出自己的想法）和逻辑性展开（用简单易懂的方式表达）方式。

5. 元素5：水平思考

所谓的水平思考即用六个颜色代表不同的的思考方向。

颜色	视点
红	直觉视点，即根据直觉判断
蓝	思考视点，即根据理性思考来判断
白	中立视点，即根据客观资料和数据来判断
绿	创造视点，即创造性思维
黄	乐观视点，即正向性思维
黑	批判视点，即批判性思维

掌握了5个元素之后，相信你已经具有了逻辑思考力，所以，逻辑思考力是一种让自己取得有系统的思考与判断能力，最后再转化出简单易懂的方式表达。

面对复杂问题的时候，先别着急用掷骰子的简单方式来处理它，先来运用逻辑思考力，对多个备选方案进行切分、细化、整理和思考后，我们

第7章
非黑即白的思考方式

就能发现问题的本质，逐一击破每一个小环节时，就会使我们的思维向前迈进了一步。

单一的逻辑思维不可取

2010年冰岛火山的爆发是什么原因导致的？微博、博客为什么如此流行？奥巴马在2012年总统选举中为什么能再次胜出？跟所有人对胡德堡大屠杀惨案存在的疑问一样，这些问题都在寻求单个历史事件的解释。

二律背反

首先，就像人们在胡德堡案件中所见到的那样，同一事件被演绎成多种不同版本的故事，而且都说得通。其次，人们解释事件的方式不仅要受各种社会力量和政治力量的影响，还要受到与信仰有关的个人心理视角的影响。

大家都看过《泰坦尼克号》，某个星期天，一对处在热恋中情侣看了这部电影。电影结束后，女生问一直追求自己的男生："你能像杰克那样为我牺牲吗？"

男生刚刚受了英雄主义教育，当然愿意为自己最爱的人去牺牲，于是他连想都没想就说："我愿意为你牺牲。"

女生说："你真够狠心的，你牺牲了我怎么活？"

男生不解，可为了讨女孩欢心，赶紧又说："那为了你，我就不牺牲了。"

女生又说："看，狐狸尾巴露出来了吧，就知道你不是真心的！"

看了女生和男生的对话后，我们不禁为男生感到为难，这左也不是，右也不是；深也不是，浅也不是。到底如何说，才能让你满意呢？这也太难为人了吧？

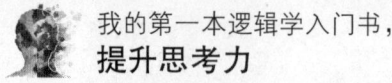

我的第一本逻辑学入门书，
提升思考力

假如碰到一个会运用逻辑学的人，肯定会对女生说："你要我牺牲，我就牺牲；你要我不牺牲，我就不牺牲；你要我牺牲了再活过来，我就牺牲了再活过来。"

当然男生这样说得有三个前提。

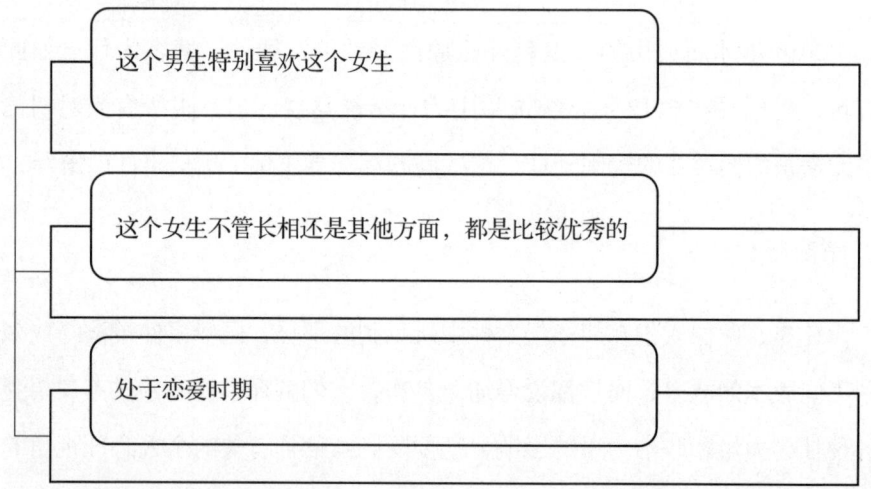

如果要是结了婚，女人再问这种问题，老公肯定会说："你是不是有点神经不正常呀，别闹了。"一句话把老婆给打发了。

看到这里，你可能会想，这个对话跟逻辑有什么关系吗？有一些学者研究发现，这在逻辑里面叫做二律背反。关于二律背反，逻辑学里是这样解释的：二律背反，主要指规律中的矛盾，即在相互联系的两种力量或运动规律之间存在的相互排斥现象。自然界存在的两种运动力量之间存在此消彼长、此长彼消、相背相反的作用。

比如，在同一个星球上地面物体推动和地心引力的作用成反比，物体的推动力越大，地心引力对物体的作用越小，依据这一原理，航空航天科学家计算出发射人造地球卫星所用的火箭必须具备多大的推力。

第7章
非黑即白的思考方式

二律背反

□

□ 在相互联系的两种力量之间存在矛盾

□ 两种运动规律之间存在的相互排斥现象

□ 两种运动力量之间存在此消彼长、此长彼消、相背相反的现象

这一定律对人生同样适用。正如我们常挂在嘴边的一句话：人生如戏，戏如人生。我们不就是在对与错、得到与失去、正义与邪恶、高尚与卑鄙、忠诚与背叛等泾渭分明的原则性问题之间不停地做着选择。

当利与弊同时摆在我们面前时，我们会很容易地做出选择；当必然面对两种都有害的选择时，我们通常两害相权取其轻，所以也不难选择；但假如面对的是两种都正确的选择，不管选择哪一种都是有利的，却又都是痛苦的，这时候真的让人难以抉择。例如：

老婆："我和你妈同时掉到河里，你先救谁？"

老公：（抓耳挠腮，又不时地观察老婆的脸色）

老婆："（不依不饶地）我问你话呢，你到底先救谁？"

老公："（故作听不明白）什么？"

老婆："（作愠怒状）你再不说我就生气了！"

老公："（一副豁出去的架势）我、我、我两个一起救。"

老婆："（穷追不舍般地）只能救一个。"

老公："不回答可以吗？"

老婆："（撒娇状）不可以！快说！快说！"

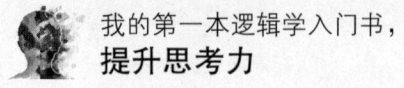
我的第一本逻辑学入门书，
提升思考力

老公：……

这是我们人生中一种注定存在的二律背反，谁也逃不开。像上文那个落水的问题，这是生活中丈夫经常被问到的一个问题，也是最令他们头疼的问题。

救老婆吧，老妈就死了，老妈可是生自己养自己的人呀，对自己百分百的好，如何能舍弃呢？那救老妈舍老婆吧，可老婆是要和自己生活一辈子的人，同样不能舍弃。

男人一时陷入了两难的境地。而不管你做哪种选择，你都是正确的，同时你又必须背负骂名。要么说你忘了老妈的养育之恩，成为不孝之子；要么说你背弃自己的爱情誓言，不顾夫妻之情。尽管问心无愧，却看似选哪个都是错误的。

当然，这仅仅是二律背反体现在生活中的一些现象，并不是二律背反的全部内涵。那么，男人如何回答才能既不惹老婆大人生气，又能让老妈夸自己是一个孝子呢？其实，男人们可以跳出单一思维的禁锢。

老婆："我和你妈同时掉到河里，你先救谁？"

老公：（抓耳挠腮，又不时地观察老婆的脸色）

老婆："（不依不饶地）我问你话呢，你到底先救谁？"

老公："（故作听不明白）什么？"

老婆："（作愠怒状）你再不说我就生气了！"

老公："（一副豁出去的架势）我、我、我两个一起救。"

老婆："（穷追不舍般地）只能救一个。"

老公："不回答可以吗？"

老婆："（撒娇状）不可以！"

（男主角似乎有了主意，故作沉思状）

老婆："你快说！快说！"

老公:"(沉吟片刻)我救我妈。"

老婆:"我就知道你会先救你妈。(说完作生气状)为什么?"

老公:"我要是说先救你吧,你肯定觉得我不孝。"

老婆:"假如你救你妈,万一牺牲了,那我怎么办?"

老公:"要是我还有体力,我再救你!"

老婆:"等到你救我时,我早就淹死了!"

老公:"我知道,我准备跳下去跟你一块死。"

老婆:"(似乎很满意的神情)去你的!"

在生活中,虽然上面这个问题有些矫情,但类似这样两难的尴尬境地却不时地出现。而那些热恋中的男女,也会经常用类似的题目考验对方。假如,你正处在热恋中,不妨学一学对话中男主角的思维方式。

很多事情的解释并不唯一

根据以上的信息和举例,我们可以得出:基本归因错误就是一种比较常见的偏见,在这种错误里,我们在解释他人的行为时往往过于强调个人倾向的重要性,并过于忽视环境因素的作用。简单理解就是,我们通常习惯把别人行为的动因看成是来自其内部因素,即个人的性格特点的作用,而把来自外部因素的作用排除在外。

举例来说明一下。例如,当发现某人有偷窃行为,我们很可能将偷窃行为简单归因为小偷骨子里没廉耻或是没良心,不做深入思考。其实,我们还应该考虑一下外部环境的作用,比如说家庭条件或者来自同龄人的压力。

除此之外,还有一种心理错误也比较常见,就是一开始就确定了少数几种可能的原因,然后再用另外的信息来证实这些既定的假设,而不是将这些信息斟酌考虑或是去推导出新的、可能更复杂的假设。

我的第一本逻辑学入门书，
提升思考力

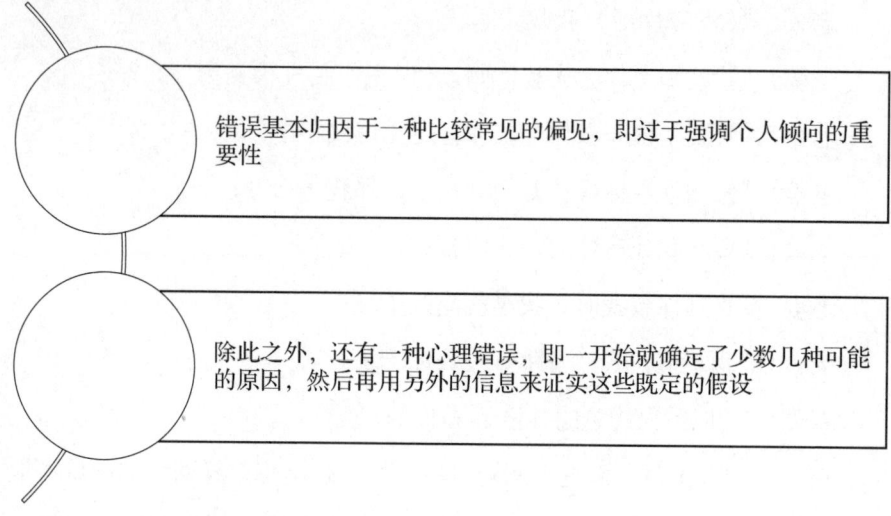

错误基本归因于一种比较常见的偏见，即过于强调个人倾向的重要性

除此之外，还有一种心理错误，即一开始就确定了少数几种可能的原因，然后再用另外的信息来证实这些既定的假设

我们都想简化这个世界，然而，解释活动却是一个需要抽丝剥茧的过程。解释事件可不是三言两语的小事，也不能像流行谈话节目里那些访谈嘉宾经常说的那样简单轻松。

在构建已经发生的事件的各种原因时，还存在一个重大的难题，那就是很多证据依赖于人们的记忆，而大量的研究表明：记忆通常会遭到极大的扭曲。这么说来，我们是不是就不能确定我们是否有了某件事或某些事的合理解释呢？的确，我们永远都不可能有100%的把握，但是，通过提出一些关键问题，我们可以让自己得到更合理的回答。

值得注意的是，千万不要贸然接受你所遇到的事件的第一个解释。要积极寻找替代原因，并比较不同原因的可信度。要考虑采取其他不同视角，这样事件所涉及的利益方就可能会被考虑周全。了解事件的多种不同版本，以帮助自己扩大见解的范围。在遇到问题时，我们必须时刻提醒自己一个事实，那就是很多事件的解释并不是只有一种，不能被单一逻辑所限制。

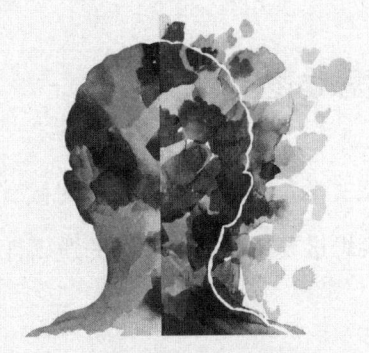

第8章
感性逻辑与理性逻辑

　　人类具有理性逻辑思维和感性逻辑思维两种基本的思维方式。

　　理性逻辑思维主管的是抽象和现象，感性逻辑思维主管的是形象和意象。理性逻辑思维从形态上来认知和理解是静态的，感性逻辑思维从形态上来认知和理解就是动态的。理性逻辑思维，多用于哲学类的学科和文本；感性逻辑思维，多用于文学和艺术类的学科和文本。

　　因此，我们对一个词的正确认知和理解，一定要考察它们的自然属性和社会属性。

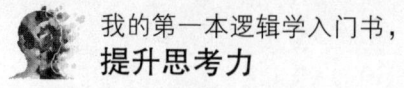

随处可见的感性思维逻辑

我们在使用类似文学和艺术语言表述的时候,一定要注重它们的感性逻辑性。我们的形象思维要符合感性思维的逻辑性。

感性思维的形成

我们来看一下感性思维是怎样建立的,如下图所示。

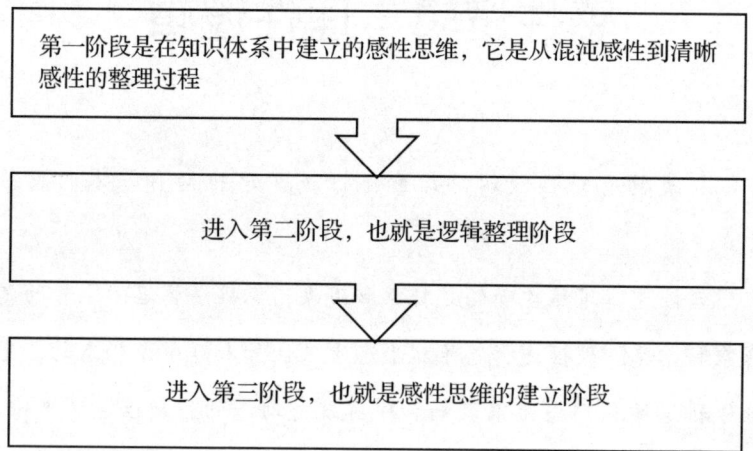

首先,第一阶段是在知识体系中建立的感性思维,它无非是从混沌感性到清晰感性的整理过程。所谓混沌感性是指认识建立在感觉基础上,以意识片段为形式的世界描述,此时的认识描述只是处于断层、有限的认知当中,并且是多意识的分离结论,对世界的认识处在不确定的搜集阶段。

其次,进入第二阶段,也就是逻辑整理阶段。所谓逻辑整理,是对所定义的意识片段进行主要联系定义,并以此作为认识参照,之后再对所确立的主要联系定义进行认识抽象,以确定作为独立存在而互不相悖的认识结论,并且这一结论形式是非现实对应的映证认识结论。

由一个主体下分为认识分支,而认识分支又需再对应,以这样一种方式作为阐述的结构。但首要问题是作为认识的主体其伸展直接决定了认识的阐述能力,或是说阐述者的认识水平直接受限于定义主体的认识表达。

最后,进入第三阶段,也就是感性思维的建立。所谓感性思维也就是分支认识的协同认知、定义和理解事物存在。对此又分为如下两种。

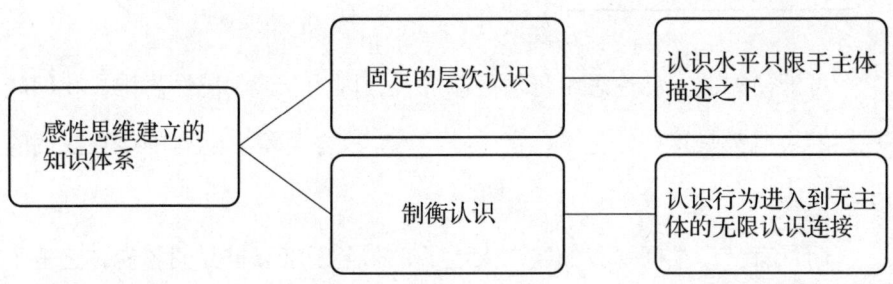

如何锻炼感性思维

众所周知,理性思维为我们带来了科学和便利,因此,我们通常会觉得理性思维要优于感性思维,这在某些意义上讲,是无可厚非的。但很多人认为只有理性思维才能不断地进步、不断地趋近真相,而感性思维只是一种感觉,是不可靠的,不能自我完善的。对此,我们不禁发声:"真的是这样吗?"

理性思维与感性思维的本质不同,自然侧重点也就不同,如下图所示。

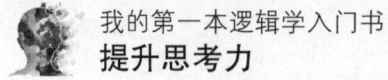
我的第一本逻辑学入门书，
提升思考力

| 理性思维 | • 可以不断排除错误的概念，可以不断得出令人信服的结论。通过定量的模型，可以对客观世界进行抽象的描述。随着科学的进步，可以最大程度地排除人的主观感觉的影响 |

| 感性思维 | • 不具备理性思维的那些功能。感性思维无法证伪，缺少确定的规则，缺乏连续性，无法定量，依赖于人的感觉 |

可即便如此，感性思维仍然可以成长，因为一谈到感性思维，我们能想到的大概都是这些：艺术、音乐、美术、文学等等，这些围绕在我们的生活当中。

而且有一门学问离我们实在太近了，以至于难以被我们忽视，它基于感性思维，我们终生与其共舞，那就是"语言"。那么，我们来感受一下，从"语言"这门学问中，是否能找到我们想要的答案。

现在基本每个人都读书写字，更有许多人掌握了多门外语，仔细想来，语言不就是一种感性思维的产物吗？语言满足所有感性思维的特点，而却无法用理性思维的标准来判断。

进一步说，所有感性思维的学问，都能看作是一种语言，比如艺术，就是一种语言。艺术家就是通过他们特殊的语言规则和观众们沟通。这些语言有可能是音符、乐曲，有可能是线条、图案。其实，中医也可以看做一门艺术。它也是一门特殊的语言，而它谈话的对象是我们的身体，使用的语言是药方、针灸等等治疗方法。

其实,学习感性思维的学问,和学习一门外语没有什么区别。如此看来,我们上面提到的问题,也自然而然的有了答案。如果说我们在学习语言中可以成长,那么遵从同样的规则,感性思维的学问也可以成长。如下图所示。

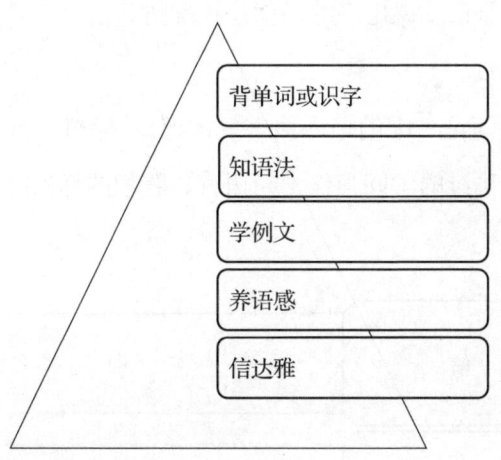

1. 背单词或识字

在感性思维的学问中,不难看到一些约定俗称的名称和概念。我们能够做的只是死记硬背,要注意的是,所谓的背单词,并不仅仅是记住单词的意思,而是把单词和我们切实的感觉联系起来。

2. 知语法

每一门语言,都有一定的语法规则,其他感性思维的学问也不例外。比如绘画中的画面布局风格。语法和科学定律不同,不是固定的,总有一些特例会打破语法规则。但这并不是说学习语法没有用处。相反,学习语法的用处很大,但我们不能拘泥于语法。

3. 学例文

学语言最快的方法,往往是学习别人正确的例句或者例文。而现实生活之中,我们又往往不能把学过的例句或者例文直接拿过来用,而是需要通过消化吸收,变成自己的东西。其他的学问,也是如此。

4. 养语感

经过上面的几步，我们会慢慢培养出一种叫做语感的东西。语感是经过长期的学习和应用而在我们脑子里慢慢形成的，是确确实实存在的。有了语感，随便一张口，说出来的话就是正确的。

5. 信达雅

严复在《天演论》中的"译例言"讲道："译事三难：信、达、雅。"如果把一门感性思维的学问当作一门语言，我们的标准亦是如此，如下图所示。

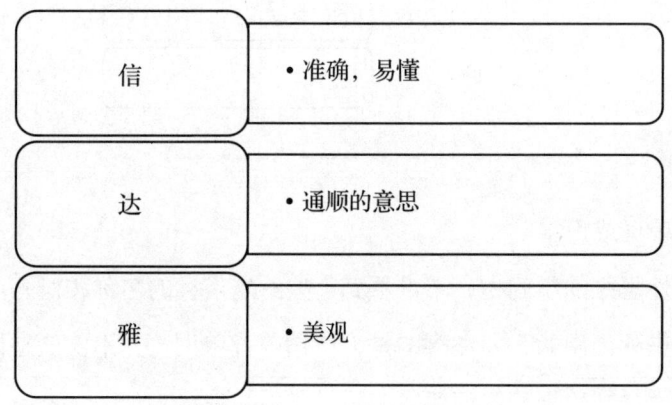

（1）信

信指的是准确，通俗一点的话，就是易懂。现在遇事不懂装懂的人比比皆是，恐怕是每一个人都犯过的毛病。因此，在感性思维上的学问要求我们做到绝对的诚实：知之为知之，不知为不知。

（2）达

达，指的是通顺。有时候我们说外语的时候虽然错误百出、结构混乱，但是也能让对方明白我们的意思。这就做到了"信"，但没有做到"达"。

（3）雅

信达之上，是雅。所谓雅，指的是美观。相比信和达，雅往往没有那么重要，但是许多大师级的人物，往往可以在雅这条标准上，比一般人做得好很多。

所以说，感性思维和理性思维都是可以不断进步的，只不过进步的方式不一样而已。在同一思维过程中，感性逻辑思维和理性思维逻辑都扮演着同样重要的角色，它们是辩证统一的过程，既相互独立，又相互依存。

正如上面所述，感性思维是一个我们每一个人都亲身体会过的过程，但可惜的是，并不是每一个人都这样思考过。如果说进步不是理性思维的专利，那么，我们也可以大胆地说感性思维也是可以进步的。

你要学会的理性思维逻辑

理性思维是一种有明确的思维方向，有充分的思维依据，能对事物或问题进行观察、比较、分析、综合、抽象与概括的一种思维。

说得简单些，理性思维就是一种建立在证据和逻辑推理基础上的思维方式。理性思维是人类思维的高级形式，是人们把握客观事物本质和规律的能力活动。理性思维能力是人区别于动物的各种能力之母。

理性思维中的微观物质与宏观物质

理性思维属于代理思维。它是以微观物质思维代理宏观物质思维的。理性思维的产生，为物质主体时代的到来，为主体能够快速适应环境，为物质世界的快速发展找到了一条出路。

理性思维是利用微观物质与宏观物质的对立性的同一来实现对宏观的控制的。

同一是目的性的，先是微观物质主动与宏观物质加强同一，而后是宏

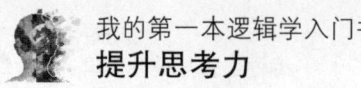

观物质"主动"与微观物质加强同一。前者是微观对宏观的认识，后者是微观目的性的实现。

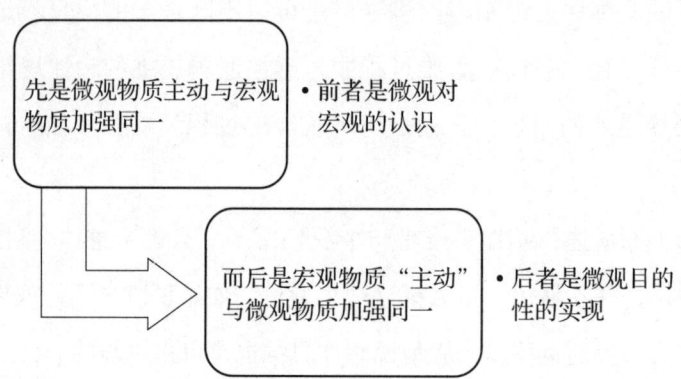

所以，只有微观物质对宏观物质有了正确的认识，才有微观物质利用宏观物质发展的必然来实现对宏观的控制。那么，如何将微观物质与宏观物质相结合呢？如下图所示。

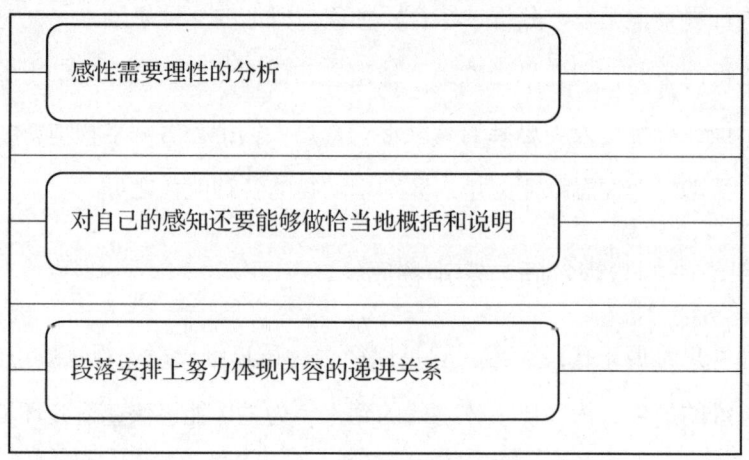

理性思维的特点

理性思维具有两大特点，如下图所示。

第8章
感性逻辑与理性逻辑

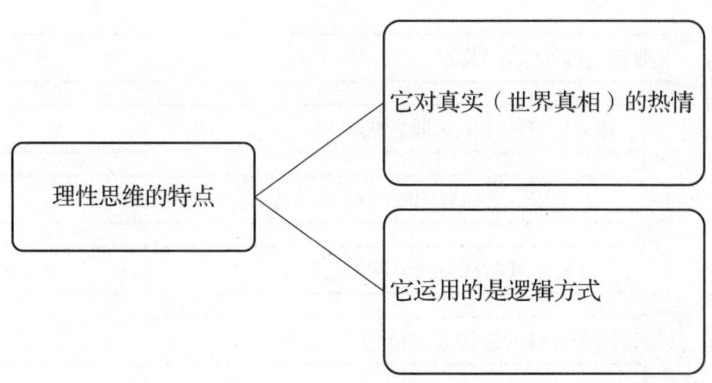

一个是它对真实（世界真相）的热情，另一个就是它运用的是逻辑方式。理性思维不轻易回答什么，就像福尔摩斯一样，在下结论之前，他仔细考察，希望掌握更多的线索。理性思维喜欢更多选择，它不喜欢只有少数几个选择，而是倾向于多角度看问题。

理性思维不愿意受情绪影响而草率下结论，理性思维认为知识是不断积累的，我们知道得越多，事情就变得越复杂，这是加深我们对问题理解的源泉。理性思维用长远的眼光看问题，认为只要我们一步一个脚印，总会达到目标。并且，它认为，无论短期内会有益处还是会遭受挫折，长远利益才是至关重要的。

理性是人类的一种心理活动或一种心理过程，这种心理活动起源于生活实践中的挫折、失败经历，在这些经历的反复刺激下人类的意识中留下了心灵伤痕。此后每逢这些挫折、失败的表征出现时，在条件反射的作用下人们就会自觉地采取规避的行为，以避免重蹈失败的覆辙，这种规避挫折与失败的心理活动即所谓的"理性"。

如何培养理性思维

培养自身理性思维应从以下几个方面着手。

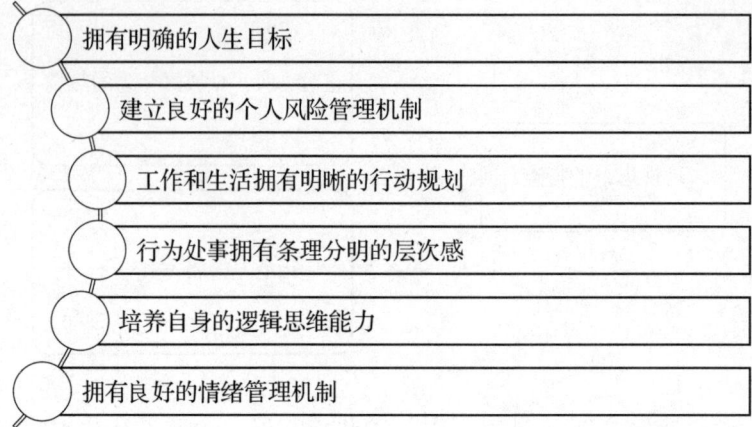

- 拥有明确的人生目标
- 建立良好的个人风险管理机制
- 工作和生活拥有明晰的行动规划
- 行为处事拥有条理分明的层次感
- 培养自身的逻辑思维能力
- 拥有良好的情绪管理机制

1. 拥有明确的人生目标

人生目标使个体在规划人生的同时可以更为理性地设计思考自己的未来，初步尝试性地选择未来适合自己从事的事业和生活，及早（以学生时代为起点）开始培养自己综合能力和综合素质，最终实现自己想成为的那一个人（理想形象）。

2. 建立良好的个人风险管理机制

个人风险管理是什么，如下图所示。

个人风险管理	指对个体、对自身的人际交往和置身环境的风险进行主动识别、评估的基础上，对潜在风险的人事关系、环境作出预防性的安排措施
	应对潜在风险的发生，有效地控制和妥善处理风险所致的结果
	以最小的成本最大地实现自身的权益保障

想要建立良好的个人风险管理机制，就需要从置身的人事环境中找出规律性的东西，发现自身行为与环境的内在联系、效果及运行机制，对自身行为风险的管理达成预见性的、有效的应对和管控，从根本上杜绝盲目的言行和冲动，从而避免由于不当言行对自身目的的实现所造成的不必要干扰。

3. 工作和生活拥有明晰的行动规划

行动规划是将"理念"从"静态"转变为"动态"，将具体的工作或事务按照事理逻辑联系形成一个个可执行的工作细节与措施，并在实际的工作中按照排序逐一执行，以达成节约时间、提高效率的目标管理原则。

4. 行为处事拥有条理分明的层次感

层次感这个词语，来自于雕塑专业的浮雕技法中，即图案浮雕刻技术，不仅要求有立体感，还要表现出图案的主次、远近、大小、前后等透视关系。

那么，若是将层次感和条理性用于人们日常处理事物中，分别是什么含义呢？如下图所示。

条理性	层次感
有些事情必须及时办理，有的事情则不那么急，可以缓办	在对待同类事务上采取轻重不同的处置分量
根据事务的轻、重、缓、急状况加以区别对待	使着力正好达到预期的不偏不倚效果
在正确的时间做正确的事	分寸拿捏得当地处理事务

上图中所说的人们在日常事务的处理过程中应当根据事务的轻、重、缓、急状况加以区别对待，也就是对重要紧急的事情和不重要紧急的事情有所区分，不同事情应该有不同的处理方式。根据重要紧急程度，个人可

**我的第一本逻辑学入门书，
提升思考力**

能碰到的事情大致分为四类，如下图所示。

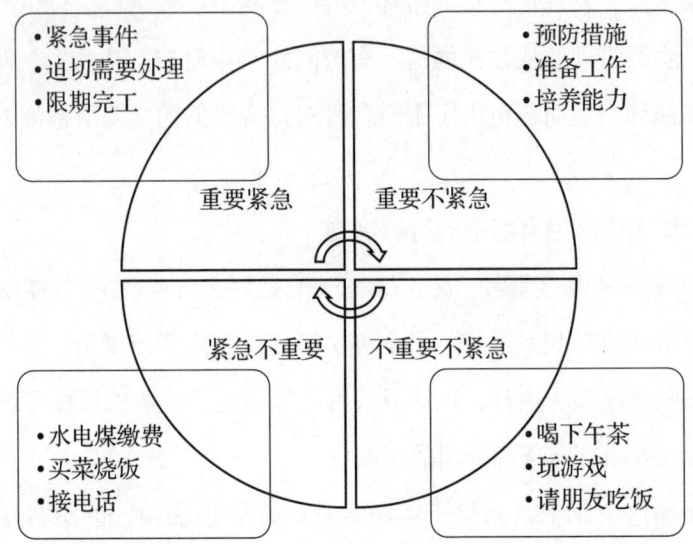

根据四个象限的特点，用"千钧一发""有条不紊""安然自若""可有可无"四个名字来记容易些，如下图所示。

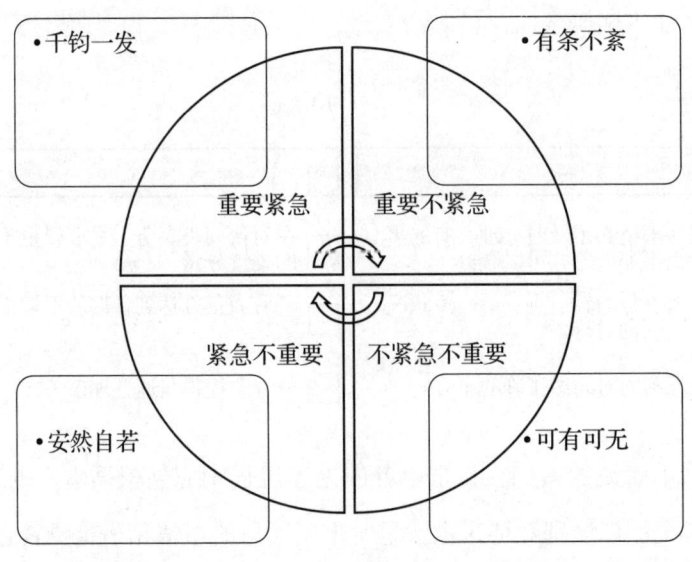

第8章
感性逻辑与理性逻辑

而对于处理这4类事件的态度是有所不同的。

重要且紧急的,简称"千钧一发"的。传统观念认为要立刻处理,这没有错,但是如果这类事件太多,请一定需要思考的是为什么会有那么多救火的事情呢?大多就是第二象限的事情没做好。

重要但不紧急,简称"有条不紊"。这个是这个理论最重要的象限,是我们需要花费一部分时间去关注的,"有条不紊"的能力其实就是管理的能力,基本管理个人能力强的,做其他事也不会差。

不重要但紧急的,简称"日常事物"。日常琐事是不需要立刻去执行和完成的,可以今天执行,也可以明天执行,比如为手机充值电话费等。对待这类事情的态度是:要无负担地做,也就是不太耗精力地去做,可以不用刻意地去关注。

不重要也不紧急,简称"可有可无"。这个象限里看着都是些浪费时间的事,但一般你很喜欢做,做这些事本身能带给你愉悦感,甚至能帮助你恢复精力。但是,要辨别是哪一种类型,如下图所示。

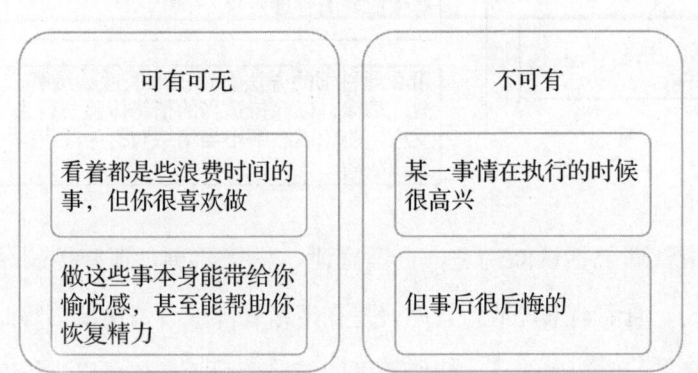

类似像"不可有"这种事情的处理方式不是继续沉迷或者直接戒除,而是慢慢计划执行,但是不要占据过多的时间。

所以,这类事务,所花费的时间应该是既在当时做的时候很开心,事后回想起来也不觉得后悔浪费了时间。

5. 培养自身的逻辑思维能力

逻辑思维是人们在认识客观事物的过程中借助于概念、判断、推理等思维形式能动地反映客观现实的理性认识过程，又称抽象思维。

通俗地来说"逻辑思维"就是透过现象看本质，是人们在遵守自然规律与社会法则的前提下运用能够识别、判断、评估实际理由，并使人的行为符合特定目的智能地去发现问题和解决问题的素质能力。

人们对于客观事物的认识只有借助逻辑思维特有的概念、判断、推理等思维形式才能达到对具体对象本质规律的把握，进而认识客观世界。它是人类认识的高级阶段，即理性认识阶段。

6. 拥有良好的情绪管理机制

什么是情绪管理？如下图所示。

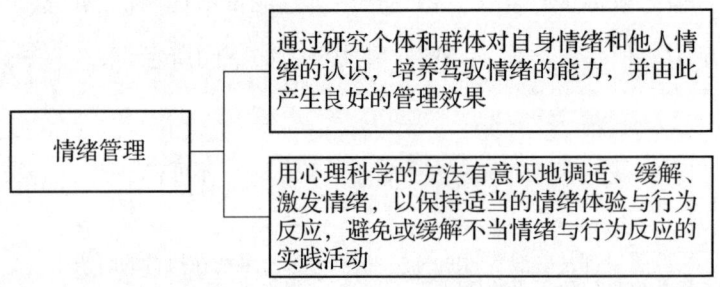

情绪管理包括认知调适、合理宣泄、积极防御、理智控制、及时求助等方式，通俗地来说情绪管理就是在情绪暴躁或者情绪低落等时候管理好情绪状态。要知道的是，情绪不可能被完全消灭，但可以进行有效的疏导、有效的管理和适度的控制。

因此，理性的人首先是具有明确人生目标的人，因而其行为是经过理性规划的，所以是很珍惜自己的时间与精力，外界事物只要是与他的人生目标、具体生活没有必然联系，自然就不会浪费时间和精力去关注。

理性的意义就是最大限度地避免挫折、失败，追求时间效率。

用苯基乙胺识别感性思维

笔者曾看过关于一篇谈理性思维与感性思维的区别的文章，作者谈到理性思维的培养，例如：读书学习。把别人理性的思考过的东西都可以学以致用，进行理性思考，站在更高的维度去透析问题，究其本质。但对于感性思维层面的事情，要通过切身经历后，才能在情感方面有所成长。这个层面的事情你永远没法通过学习去得到，只有靠自己去体会。

加速剂：苯基乙胺

最基本的一种感性思维物质称为苯基乙胺，简称PEA，这种物质可以产生在不同的场景中，如下图所示。

> 恋爱的时候

- 对于一对情侣，无论是一见钟情也好，或者日久生情也好，只要让头脑中产生足够多的PEA，那么爱情也就产生了。我们经常会说"来电"的感觉就是PEA的杰作

> 处在危险当中的时候

- 当人遇到危险的时候，紧张也能够使得PEA的分泌水平提高。也就是说人处在危险的时候，产生爱情的可能性反而会提升。这就是为什么电视上总会出现一些千钧一发之际，男主救女主的剧情了

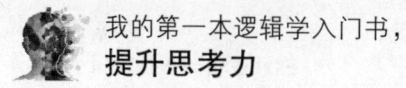

事实上,PEA是一种让人感到极度兴奋的神经兴奋剂,它使人觉得更加有精力、信心和勇气。由于PEA的作用,人的呼吸和心跳都会加速,颜面发红,特别是瞳孔是否放大是判断真爱还是敷衍的最佳标准。

人们相爱之后总喜欢海誓山盟。这实在不能说是一种有意的欺骗,因为在承诺的时候,一个深陷情网的人真的相信自己有这样的能力。

但是,PEA有三个副作用。

	自信心的空前膨胀
PEA的副作用	让人产生偏见和执着,丧失客观思维的能力
	坚信自己选择的正确,只看到自己喜欢的东西

巧克力确实是最佳的爱情食物,它的PEA含量是所有食物中最多的一种,也是增加人们感性思维的物质,所以,送爱人巧克力是有科学道理的。

PEA是人体自然合成的,但还有另外一种物质的学名叫苯异丙胺,是人工合成的。从化学结构上看这两种物质非常接近,其功效也相当接近。苯异丙胺的商品名就鼎鼎有名了——amphetamines(安非他明),一种中枢神经的兴奋剂。

催化剂:苯基乙胺

巧克力是最典型的富含苯基乙胺的食物,它对人们的感性思维具有的影响,如下图所示。

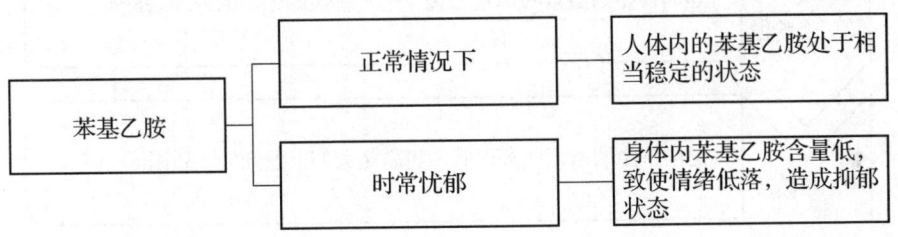

在德国,如果你失恋了,那么你可以去买一颗红色的"失恋丸",它对你一定会有所帮助!其实,"失恋丸"并没有任何的药用价值,它只是裹着粉红糖衣的巧克力,但并没有人指控它是一种"假药",反而有越来越多的人争相购买,用这种特殊的巧克力去治疗他们受伤的心。

据说,"失恋丸"的创意也是偶然得来的。厂家的一位负责人,有一次用巧克力送给失恋的女性朋友,居然反映不错。后来又屡试不爽,于是厂家大胆决定将其改头换面,推广上市。

其实,科学家早就知道,巧克力可以让人摆脱忧郁。许多女士受不良情绪困扰或是经前会特别想吃巧克力,这是因为巧克力具有镇定作用,巧克力的独特味道、质感和气味的共同作用刺激了人脑的快乐中枢,使人感到心情愉悦。

爱情中的苯基乙胺

那些所谓爱情该有的体贴与浪漫、刻骨铭心、海枯石烂、忠诚与背叛,一经说穿,不过是感性思维中的几种物质而已。就是这几种物质会挡住我们的视线,那些激素能持续高浓度大约只有两年的时间,甚至更久。

一般来说,爱情会发生三个阶段,如下图所示。

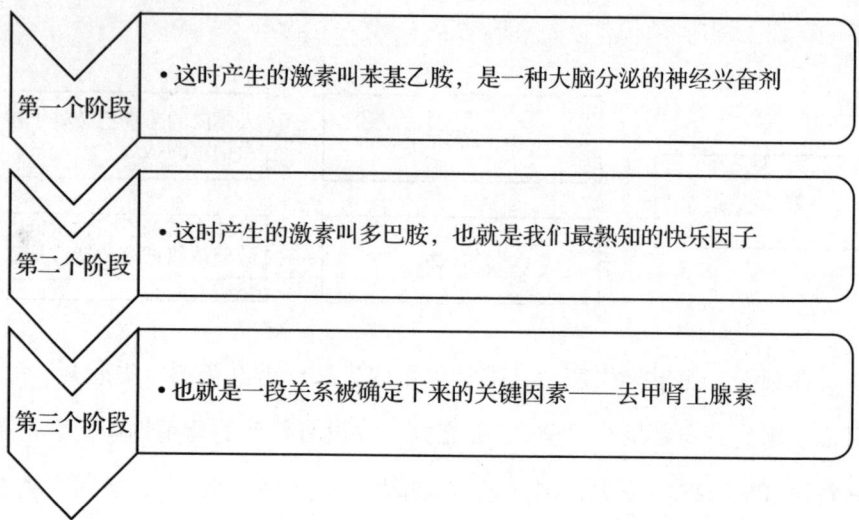

  第一个阶段的激素叫苯基乙胺，是一种大脑分泌的神经兴奋剂。当你对一个人产生意乱神迷的感受时，爱情的萌芽就发生了。而第一种激素最需要的就是时机，一个特别适合的场合或一场浪漫的邂逅都是最有效的。

  第二个阶段的激素叫多巴胺，也就是我们最熟知的快乐因子。听一首你喜欢的歌，多巴胺可以分泌到30%；吃一顿美食，可以分泌到60%；当遇到一个你喜欢的人，多巴胺就会分泌到100%；如果和喜欢的人再发生了肢体接触，多巴胺的分泌就可以达到200%，所以爱情带来的快感是没有替代品的。

  第三个阶段，也就是一段关系被确定下来的关键因素——去甲肾上腺素，这种激素支配我们的身心，让你强烈渴望与这个人发生肢体接触和亲密关系。

  曾经热播的一部电视剧《恋爱先生》，男主角"程浩"是一名恋爱顾问，他认为在爱情阶段同时会产生多种激素，并且这些激素是带有很强的感性思维的，但是感性思维总是有冷却期的。

心理机制隐匿情感现实

个体在生活中习得的某些应付挫折的反应方式,其作用在于减轻心理矛盾,消除焦虑,更好地适应环境。这个概念最早是由精神分析学派的创始人弗洛伊德提出来的。他认为,人格结构包括"本我"、"自我"和"超我"三部分。"本我"是由先天本能,"自我"是现实化了的本能,"超我"是道德化了的自我。

心理机制

所谓的心理机制,也称为心理防御机制,是心理学上的术语,是指心理的内在工作方式,包括有关心理结构组成成分的相互关系和变化,以及其间发生的生理生化性质和相互联系,即个体面临挫折或冲突的紧张情境时,在其内部心理活动中具有的自觉或不自觉地解脱烦恼,减轻内心不安,以恢复心理平衡与稳定的一种适应性倾向。

心理机制的意义有两方面。一是积极的意义,在于能够使主体在遭受困难与挫折后减轻或免除精神压力,恢复心理平衡,甚至激发主体的主观能动性,激励主体以顽强的毅力克服困难,战胜挫折。二是消极的意义,在于使主体可能因压力的缓解而自足,或出现退缩甚至恐惧而导致心理疾病。

由于每个人的个性特点和遭遇挫折时的情境不同,采用的防御机制也不相同。有时几种防御机制同时应用,很难严格区分出采用的是哪一种防御机制。

心理防御机制藏匿情感

常见的心理防御机制类型分为十六种,属五大类,每一个心理防御机制中，都包含了各自不同的情感，如下图所示。

1. 逃避机制

所谓的逃避机制，其实是一种消极性的防卫，以逃避性和消极性的方法去减轻自己在挫折或冲突时感受的痛苦。比如假装听不见或假装不知道，当做没发生一样。逃避机制有以下四种形式。

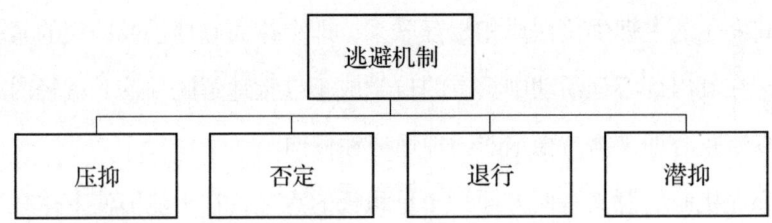

（1）压抑

压抑是各种防卫机制中最基本的方法。此机制是指个体将一些自我所不能接受或具有威胁性、痛苦的经验及冲动，在不知不觉中从个体的意识中排除抑制到潜意识里去作用，是一种"动机性的遗忘"。个体在面对不愉快的情绪时，不知不觉有目地遗忘，与因时间久而自然忘却的情形不一样。

例如，我们常说"我真希望没这回事"，"我不要再想它了"，或者在日常生活中，有时我们做梦、不小心说溜了嘴或偶然有失态的行为表现，都是这种压抑的结果。

（2）否定

否定是一种比较原始而简单的防卫机制，其方法是借着扭曲个体在创伤情境下的想法、情感及感觉来逃避心理上的痛苦，或将不愉快的事件"否定"，当作它根本没有发生，来获取心理上暂时的安慰。"否定"与"压抑"极为相似。唯"否定"不是有目地的忘却，而是把不愉快的事情加以"否定"。

这种现象在日常生活中处处可见。譬如，小孩子闯了祸，用双手把眼睛蒙起来，就像沙漠中的驼鸟，敌人追赶逼迫在眼前，无法面对，把头埋于沙堆中，当做没这回事一样，都是一种否定的表现。

（3）退行

退行是指个体在遭遇到挫折时，表现出其年龄所不应有之幼稚行为反应，是一种反成熟的倒退现象。例如，已养成良好生活习惯的儿童，因母亲生了弟妹或家中突遭变故，而表现出尿床、吸吮拇指、好哭、极端依赖等婴幼儿时期的行为。

（4）潜抑

在佛洛伊德精神分析中描述为心理防御机制的一种表现，是指个体把意识中对立的或不能接受的冲动、欲望、想法、情感或痛苦经历，不知不觉地压制到潜意识中去，以至于当事人不能察觉或回忆，以避免痛苦。

比如"俄狄浦斯情结"、偷窥冲动等与意识层面（包括社会道德等约束和信条）决然冲突的心理力量，不被意识接受无法进入意识层面活动，但他们仍然在潜意识层面有力地活跃着，只不过是已经不能被意识觉察而已。

2. 自骗机制

这种防卫机制含有自欺欺人的成分，也是一种消极性的行为反应。它含有反向作用,走向另一极端,邪派的会扮成极正派的,去瞒过自己和别人。合理化作用的,总会为自己找出些理由来自辩。抵消作用的,同合理化作用相似,但不单独用理论来自卫,而是加上具体的运用。

隔离、理想化及分裂等作用也是运用技巧的方法来欺骗自己或别人。以下六种,也是人们常运用的防卫方法。看明白了,可以协助我们了解自己或他人行为的背后动机。

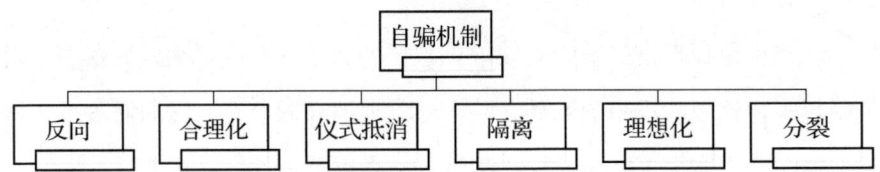

(1) 反向

当个体的欲望和动机,不为自己的意识或社会所接受时,唯恐自己会表现出来,乃将其压抑至潜意识,并再以相反的行为表现在外显行为上称为反向。换言之,使用反向者,其所表现的外在行为,与其内在的动机是成反比的。在性质上,反向行为也是一种压抑过程。

例如,我国"此地无银三百两"的故事与俗语"赶狗入穷巷""以退为进"都是反向的表现。通常使用"反向"者,本身对于自己在使用此机制一无所知,而非"口蜜腹剑""笑里藏刀",或"假仙"刻意而为。

反向行为,如使用适当,可帮助人在生活上适应之;但如过度使用,不断压抑自己心中的欲望或动机,且以相反的行为表现出来,轻者不敢面对自己,而活得很辛苦、很孤独,过度使用将形成严重的心理困扰。

(2) 合理化

合理化,又称文饰作用,是个体无意识地用似乎合理的解释来为难以接受的情感、行为、动机辩护,以使其可以接受。这个理论有很著名的两个案例,一个是酸葡萄心理——丑化失败的动机;另一个是甜柠檬心理——美化被满足的动机。

(3) 仪式抵消

无论人有意或无意犯错,都会感到不安,尤其是当事情牵连他人,令他人无辜受伤害和损失时,的确会很内疚和自责。倘若我们用象征式的事情和行动来尝试抵消已经发生的不愉快事件,以减轻心理上的罪恶感,这种方式称为仪式与抵消。

例如,一位有了外遇的丈夫,买轿车、送钻戒给妻子来消除心中的罪恶感,并且以这个行动来证明他是个尽责的丈夫。

(4) 隔离

所谓"隔离"是把部分的事实从意识境界中加以隔离,不让自己意识到,以免引起精神上的不愉快。最常被隔离的是与事实相关的个人感觉部分,因为此种感觉易引起焦虑与不安。

例如人死了,不说死掉而用"仙逝""长眠""归天",个体在感觉上就不会因"死"的感觉而悲伤或有不祥的感觉。

(5) 理想化

在理想化过程中,当事人往往对某些人或某些事与物作了过高的评价。这种高估的态度,很容易将事实的真相扭曲和美化,以致脱离了现实。

例如,方老师常常在朋友面前称赞自己的女朋友盈盈如何貌若天仙,以致大家都渴望早日可以见见他口中的美人。在上周日大伙儿一同去旅游时,方老师手拉着一位又矮又瘦、相貌极为平凡的女士出现了。当他热烈地向众人介绍那位女士就是盈盈时,每个人都失望了。在这件事中,方老师是将自己的女朋友理想化了。

(6) 分裂

有些人在生活中的行为表现,时常出现矛盾与不协调的情况。且有时在同一时期，在不同的环境或生活范畴，会有十分相反的行为出现。在心理分析中，我们可以说他们是将意识割裂为二，在采用分裂防卫机制。

3. 攻击机制

人心里产生不愉快时，但又不能向对象直接发泄，便会利用转移作用，向其他对象以直接或间接的攻击方式发泄，或把自己的不是转嫁到别人身上，并判断他人的对错。这类防卫机制有两种方式——转移和投射。

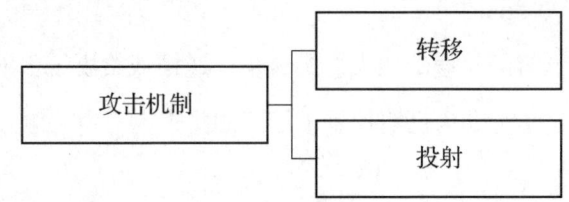

（1）转移

转移是指原先对某些对象的情感、欲望或态度，因某种原因，例如不合社会规范或具有危险性或不为自我意识所允许等，无法向其对象直接表现，而把它转移到一个较安全、较为大家所接受的对象身上，以减轻自己心理上的焦虑。

例如，有位被上司责备的先生回家后因情绪不佳，就借题发挥骂了太太一顿。而做太太的莫名其妙挨了丈夫骂，心里不愉快，刚好小孩在旁边吵，就顺手给了他一巴掌。儿子平白无故挨了巴掌，满腔怒火地走开，正好遇上家中小黑狗向他走来，就顺势踢了小黑狗一脚。这些都是转移的例子。

（2）投射

精神分析学者认为投射是个体自我对抗超我时，为减除内心罪恶感所使用的一种防卫方式。所谓"投射"是指把自己的性格、态度、动机或欲望，"投射"到别人身上。有一首词"我见青山多妩媚，料青山见我应如是",及庄子与惠施《临渊羡鱼》的故事,都是投射的例子。

4. 代替机制

代替性防卫机制是用另一样事物去代替自己的缺陷,以减轻缺陷带来的痛苦。这种代替物有时是一种幻想,因为现实上得不到实体的满足,他便以幻想在想象世界中得到满足,有时用另一种物件去补偿他因缺陷而受到的挫折。这类防卫机制分幻想型和补偿型两种。

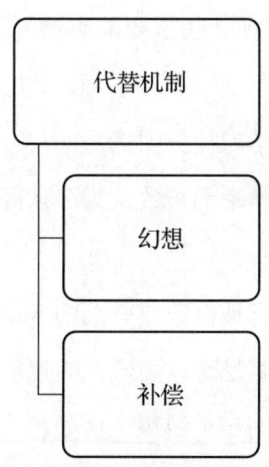

（1）幻想

当人无法处理现实生活中的困难,或是无法忍受一些情绪的困扰时,将自己暂时离开现实,在幻想的世界中得到内心的平静和达到在现实生活中无法经历的满足,称为"幻想"。与常说的"白日梦"相似。

（2）补偿

补偿的基本意思有弥补缺陷,抵消损失。

5. 建设机制

建设机制是防卫机制中较好的一类,是向好的方面去做补偿,是属于建设性的,它可分为认同和升华两种类型。

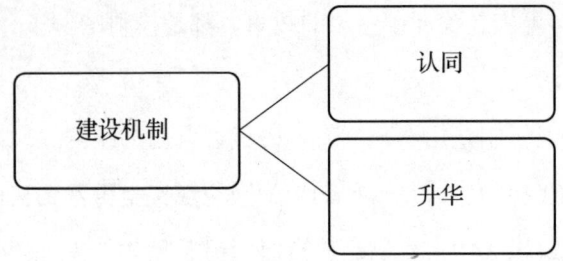

(1) 认同

在人生中，每个人都有一些重要的事情需要去完成，而其中主要的一项就是完成"认同"的历程。"认同"始于儿童期，至青少年期成为主要发展任务。儿童期用来学习社会团体态度与习惯，青少年期用来找寻自我、肯定自我。因此心理学家们一致认为"认同"是协助人格发展的重要方法。

认同意指个体向比自己地位或成就高的人的认同，以消除个体在现实生活中因无法获得成功或满足时，而产生的挫折所带来的焦虑。

认同有时也可能是认同一个组织。例如，一个自幼失学的人，加入某学术研究团体成为该团体的荣誉会员，并且不断向人夸耀他在该团体的重要性。

(2) 升华

升华一词是弗洛伊德最早使用的，他认为将一些本能的行动如饥饿、性欲或攻击的内驱力转移到一些自己或社会所接纳的范围时，就是"升华"。例如，有打人冲动的人，借锻炼拳击或摔跤等方式来满足。

管理情绪脑和理性脑

每个人都有情绪脑和理性脑，这两个脑的作用和表现大有不同。

第8章
感性逻辑与理性逻辑

消息传大脑的两条路径

我们的大脑有两个记忆系统，一个是记忆普遍的事实，另一个用来记忆印刻着情绪底色的事实。当我们从外界接收的信息想要传递给大脑，通常有两条通路可以选择，如下图所示。

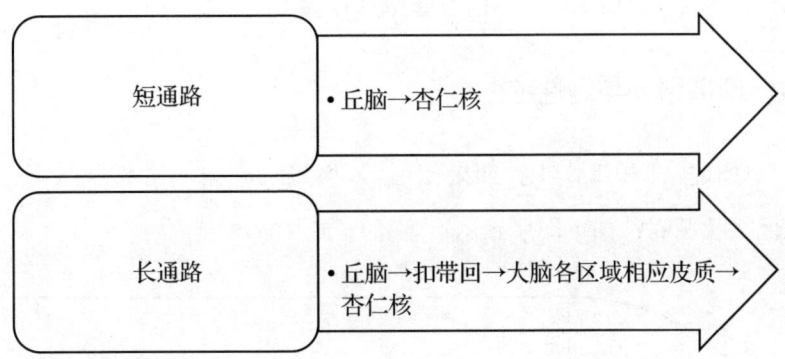

第一条是短通路：丘脑→杏仁核

这条路中的杏仁核，附着在海马的末端，呈杏仁状，是边缘系统的一部分。杏仁核扮演"心理哨兵"的角色，是产生情绪、识别情绪和调节情绪，控制学习和记忆的脑部组织。

从丘脑直接到杏仁核这条短通道，只能携带少量信息，最突出的特点是"快"。比如，当出现危险的时候，大脑就会启动最短的信息传递通道，杏仁核立刻作出反应——面临危险，或者是躲避危险。

综合来说，短通路的刺激信息未经皮质的精细加工，速度更快，保证对恐惧刺激作出迅速反应。

第二条是长通路：丘脑→扣带回→大脑各区域相应皮质→杏仁核

长通路的刺激信息经过皮质的精细加工，利于对情绪的控制和采取适当的应对方式。

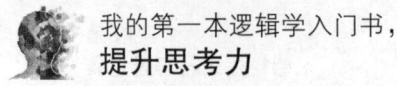

长通路可以携带大量信息,对信息的加工也更为精细。也就是说,通过这条路径,我们可以充分地思考、权衡,并作出理性的决定,同时,长通路也需要更长的时间作出反应。

根据短通路(丘脑→杏仁核)与思维长通路(丘脑→扣带回→大脑各区域相应皮质→杏仁核)之间的区别,在有的心理学书籍上,形象地把短通路称作"情绪脑",而把长通路则称为"理性脑"。

有效管理情绪脑与理性脑

在现代生活和工作中,如果使用了"情绪脑"和"理性脑",分别会出现什么状况呢?如下图所示。

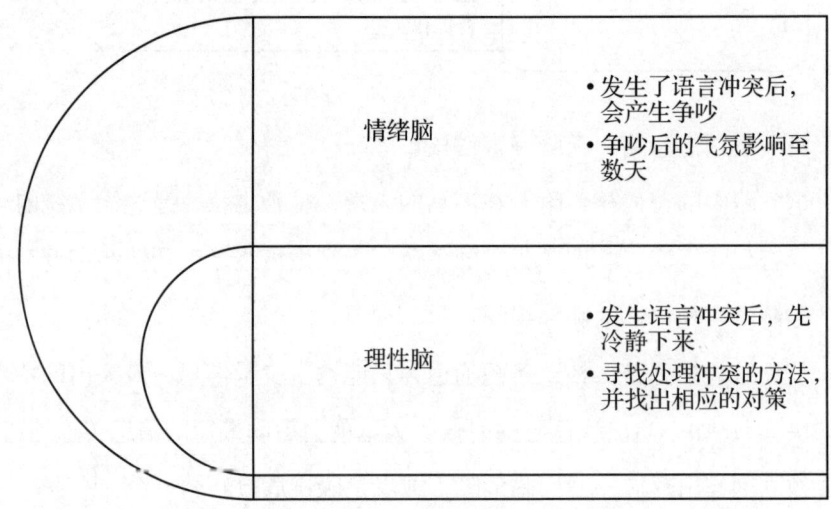

启动了"情绪脑":在日常生活或者工作中常常会出现令人生气的事情,因此,常常会不自觉地启动情绪脑。就比如在工作中与同事发生了语言冲突,不理智的情况下,我们可能就会发生争吵,并且争吵后的气氛影响至数天,而这是典型的"快快地生气,慢慢地忘记"。

启动了"理性脑":同样是在工作中与同事发生了语言冲突,我们采取的不是不理智的争吵，而是先冷静下来，寻找处理冲突的方法，并找出相应的对策。此时，思考的路径比较长，就算生气，也是针对具体的行为，通常不会情绪失控，这是典型的"慢慢地生气，快快地忘记"。

用"情绪脑"，还是用"理性脑"，往往是事情发展的分水岭。但是，在现代社会中，极少遇到逃避野兽、躲避危险的事件，就不会频繁地启动情绪脑，而理性脑则显示出了绝对的优势，尤其是现代生活中更应该少用"情绪脑"，多用"理性脑"。

用理性逻辑分辨"证据"

我们来对"证据"进行定义：指依照诉讼规则认定案件事实的依据。证据对于当事人进行诉讼活动、维护自己的合法权益，对法院查明案件事实、依法正确裁判都具有十分重要的意义。证据问题是诉讼的核心问题，在任何一起案件的审判过程中，都需要通过证据和证据形成的证据链再现还原事件的本来面目，依据充足的证据而作出的裁判才有可能是公正的裁判。

也许上述定义太过专业和晦涩，那么，"证据"也可以这样理解：所谓证据，就是任何能指出真理的指标。人们使用广泛传播的定义是常见的证据形式，它反映出个人对问题的思考。然而，当定义积非成是，人们就会不自觉地远离真理而走向错误。

这里，以投资为例进行分析。

请调动你的逻辑思维能力，来分析一下这句环球电讯 CEO 约翰莱热尔说过的话："环球电讯完全没有破产的可能性。"如果你仔细分析，那么你就会发现这句陈述是错的，并且为什么是错的，以及听到这类陈述时应该如何行动。也许你的答案跟我不同，但假如你抓到重点，仍应相信自己的答案是正确的。

　　这句陈述错就错在否定一切的可能性。因为大部分的事物都存在着各种可能性，因此否定一切的可能性，往往需要费尽口舌解释也需要证明。

　　此外，陈述中出现"完全"两字，表示破产的可能性被全盘否定。因为"完全"两字的出现，这话说得太绝对了。这让我们断定他的陈述为伪，因为破产很难说完全没有可能性。但凡只有一点点可能性，那么破产必定是可能的。

　　如果莱热尔的陈述为伪，则相反的陈述肯定为真：环球电讯必定存在破产的可能。既然莱热尔的陈述为伪，相反陈述为真，明智的投资者就该考虑破产的可能性。

　　原因很简单。明智的投资者总是忽视公开信息，而重视隐含信息。隐含信息表明莱热尔在说谎，说谎的人是不可信任的。此外，假如事事都如此顺心，那他有必要出来鼓舞士气吗？华尔街向来不相信这种鼓舞说法，而总是往坏处想。如果连像CEO这样的高层都要出面喊话作保证的话，那么可想而知，真实的状况一定很糟糕，甚至已经到了难以想象的程度。

　　果不其然，之后的环球电讯的股价大跌，从每股2美元一路跌到0.01美元。2002年1月28日，环球电讯申请了破产保护。的确，距离环球电讯CEO说环球电讯不可能破产仅仅4个月，这家公司就宣告破产了。

　　可见，对莱热尔的陈述是需要证据进行判断的。

　　但是，也有这样的时候，就是运用理性思维思考时，忽略了基础概率这个间接证据，从而作出了非理性判断，如下面的案例。

　　有一位叫尼赫鲁的教授在一所美国大学里面任职，他精通梵文，并且订阅了《印度文化》这个期刊。尼赫鲁教授喜欢每天晚上在家里写诗，也喜欢收集佛像。

那么，现在我要问你，你觉得这个教授，更有可能是一个印度文学教授，还是一个细胞生物学家？

五秒之内，我想你脑海中的答案应该是"印度文学教授"吧，你甚至还会想，这个问题太简单了，他具有一个印度文学教授该有的典型特征，比如精通梵文、订阅了《印度文化》这个期刊、喜欢写诗、喜欢收集佛像等。但事实上，如果你猜他是一个细胞生物学家，你赢的概率会更高。也就是说，如果你猜他是一个印度文学教授，你输的概率会更高。

答案其实道理很简单，这是因为在整个美国，只有一百个印度文学教授，但是却有五万个细胞生物学家，这就是基础概率。

虽然尼赫鲁教授的特征，和印度文学教授的特征匹配度高达90%，而与细胞生物学家的特征匹配度只有5%，但是，当你把这个匹配度乘以刚才说的基础概率之后，你就会发现，尼赫鲁教授是细胞生物学家的概率，会是印度文学教授概率的2.7倍。

我们会忽略间接证据，很多时候是因为我们大脑中存在的两种判断机制，再来看下面这个案例。

一位教授随手从星座书上抄下了一段描述性格的文字："你很需要别人喜欢并尊重你，你有自我批判的倾向……你的有些抱负往往很不现实。"在课堂上，他让学生先完成了一份性格测试，再向学生们反馈测试结果。而所谓的结果就是以上这段事先抄下的文字。然而，却有87%的学生都认为这个性格测试非常准。

对于这种看起来有些戏剧性的实验结果，心理学家是这样解释的：人们会很容易相信一个笼统的、一般性的人格描述特别适合自己，所以，即使这种描述十分空洞，人们仍然认为这反映了自己的人格面貌。

也就反映了我们存在的两种判断机制，第一种判断机制——律师思维，先有结论，再找证据；第二种判断机制——科学家机制，先有证据，再下结论。

不可否认的是，大多人都是律师机制，每个人都爱看能印证自己已有观念的东西。相反，那些不符合我们已有观念的证据，我们不但不爱看，而且还会直接忽略。

这种判断机制很容易造成"确认偏误"的心理，也就是说，人们一旦认定了某种事实，就会寻找增强这种想法的信息，甚至不顾事实的心理。这就是为什么人们产生了某种偏见就很难改变的原因。

这就很容易解释教授对学生进行性格测试的实验：当我们确立了某个信念或者观念时，在收集信息和分析信息的过程中，就会产生一种寻找支持这个信念的证据的倾向。

感性逻辑＋理性逻辑＝"完美"

一提到理性与感性时，人们也会很自然地联想到"感性认识是认识的初级阶段，理性认识是认识的高级阶段"，"感性认识是理性认识的基础，理性认识是感性认识的必然发展"，"感性认识阶段必须上升到理性认识阶段"等等这一系列的哲学论题。

真正的感性与真正的理性

的确，就哲学的角度来看，认识必须经历多次反复最终形成无限发展。人们通常孤立地看待逻辑思维和形象思维，认为前者过于理性，是哲学家的思考方式，而后者比较感性，是艺术家的思考方式，如下图所示。

第8章
感性逻辑与理性逻辑

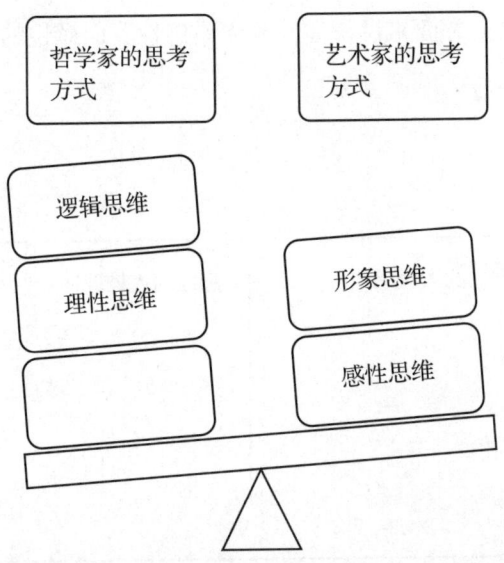

例如，一个朋友做销售，工作没多久就喝出了明显的啤酒肚。他说，喝酒是工作需要，很多项目，可能谈了好久都没什么进展，但只要一次酒喝好了，就签下来了。

还有一个朋友很能讨女友欢心，大家问其秘诀，他说答案很简单，在每次女友生气、疑虑或者不开心的时候，无需太多废话，抱上去亲吻就可以了，百用百灵，屡试不爽。

谈判解决不了的问题，喝酒可以解决；争论解决不了的问题，拥抱可以解决。推而广之，理智解决不了的问题，情感可以解决；逻辑解决不了的问题，直觉可以解决。

从这个意义上说，感性的人其实最理性，理性的人反而很感性。假如一个人妄图用理性来解决一切问题的话，他往往会败得很惨，跌得头破血流都不清楚是为什么，因为理性思维在生活中很多时候是行不通的。人类社会永远都具有一种女性化的气质，与其被说服，更愿被感化；与其相信理智，宁愿依赖感觉。

但是，从某一方面来说，理性的人最感性，而感性的人最理性。如下图所示。

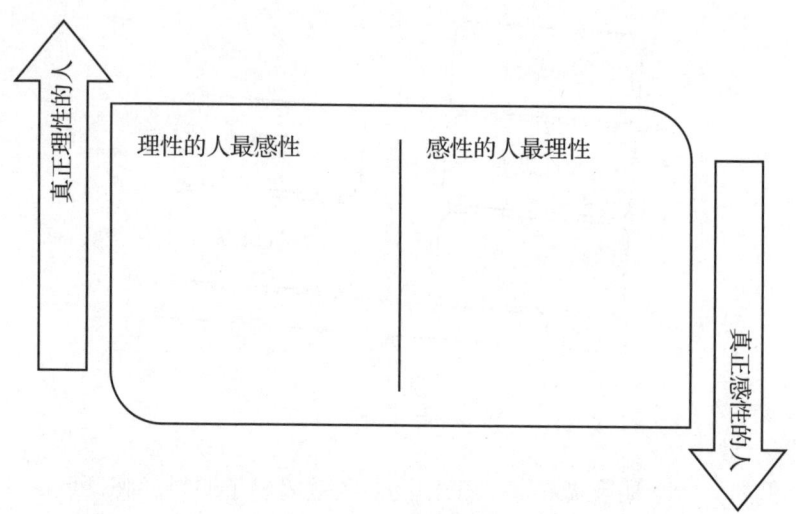

如果你想说服客户购买保险基金或者衣物首饰，并不需要跟他们讲得很明白那些产品究竟好在哪里，你越努力那么做，他们越容易觉得你是在忽悠他们。相反，你只需要让他们从情感上信赖你，事情就成了。

所以，一个人千万不要以自己强大的逻辑水平和思考深度而自恃，没用的。即便你认为自己的逻辑再正确不过，无懈可击以至完美，那又怎样，再雄辩的说理也不如一个真诚的拥抱来得更加单纯、更加美好、更加受用。

一个真正理性的人，必定懂得用感性的手段来化解难题。注意，不是解决，而是化解。因为他清楚地知道，理性思维有太多的局限，而人是有灵性的动物，需要被感化。

相反，过于执着自己的理智，以为理性能解决一切问题，这恰恰是不理性的。这种人根本就没去考虑别人的感受，纯粹从自己的感受出发，以自己的是为是，以别人的是为非。这种人理性的表象下是感性的本质。

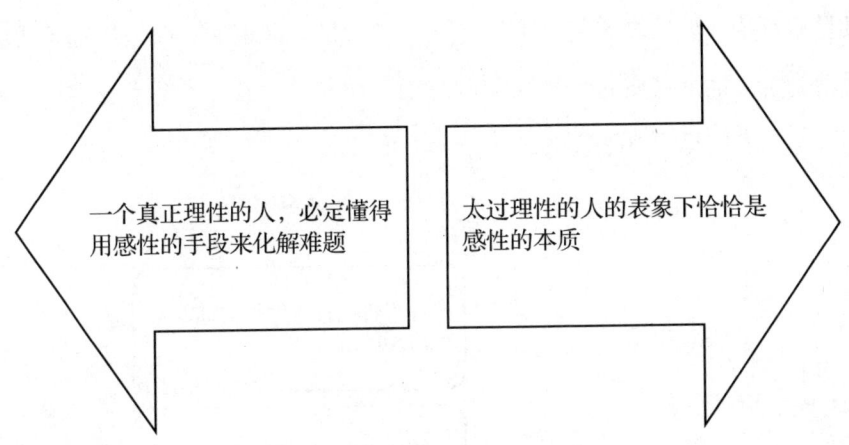

每个人的智力，都有其局限性。每个人的理性，也都有其边界。古典经济学理论的一个基本假设就是"理性人"，如果人类果真有那么理性，经济学早就成为物理学的一个旁支了。而现代经济学早已发展了"有限理性"的概念，它承认人类行为并没有那么理性。

没有谁能只凭借思考就解决这世界上的一切问题。牛顿、爱因斯坦都不行，何况你我。所以，不要试图去想通一切问题，那样只会让自己陷入可怕的理性思维的沼泽，遇到想不通的问题怎么办呢？不要去想它，感受它就通了。

古时候那些诗文写得漂亮的人，没有一个是宅在书斋里皓首穷经的。他们要么寄情山水之间，要么纵横江湖之上。书上的东西都是死的，而生命是活生生的，他们一定要去亲身感受天地间的万事万物，看冬去春来，冰泮雁回，才能对人世间的诸种美好体验得无比真切。而不是枯心默坐，冥思玄想。

感性思维与理性思维的联系

无论是理性思维还是感性思维，它们总是互不可分的，既有本质不同又是相互统一紧密联系的。另一方面，二者是有区别的。前者以抽象思维活动为主，而后者则是一种具象的思维活动方式，其各自特点前面已有阐述，而二者的联系则表现为如下三个方面。

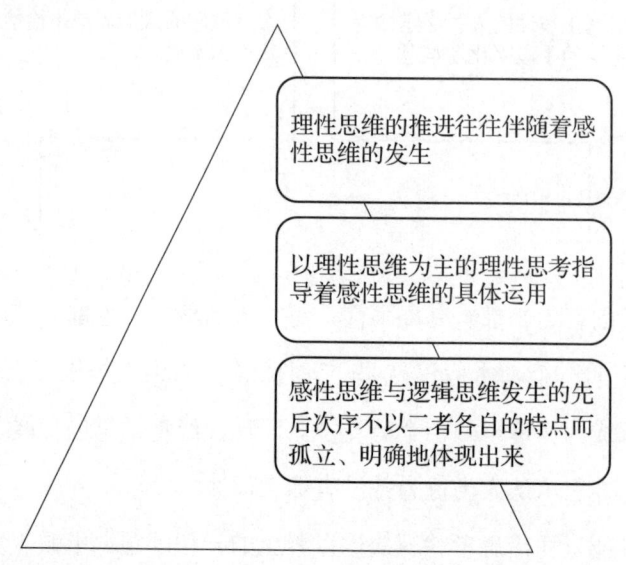

1. 理性思维的推进往往伴随着感性思维的发生

在涉及每个命题步骤时，设计者不可能抛开一切形象只单纯抽象地进行推理或只是以抽象概念为理解基础进行抽象推理，而肯定会在大脑中浮现与各个命题步骤相关的形象。

比如，一个命题规定的是一种造物，可以满足"坐"（有时可能是"躺"）的需要，这时设计者至少可以通过想象和联想得出这种"坐"或"躺"的情景以及用于"坐"或"躺"的承受物一般意义上的形象。另外，在建立演算系统进行推理而获得符合规律的形式及色彩关系活动中，基本形式和色彩形象是肯定会伴随推理发生的。

2. 以理性思维为主的理性思考指导着感性思维的具体运用

感性思维的"深化法""分化法""变异法"等多是在推导或建立演算

系统的方式下进行的。以一个或多个命题为基础，建立多项演算系统，得出符合设想或构想的最终形象。

3. 感性思维与逻辑思维发生的先后次序不以二者各自的特点而孤立、明确地体现出来

更多情况下，二者可能同时发生或间歇式发生，并无先后顺序。在逻辑推理和逻辑运算的过程中包括了各种对形象的运用和理解；在运用感性思维进行发散和创造时，也有逻辑规律的运用和指导。

以艺术设计为例，需要指出的是理性思维和感性思维在实际操作中往往要共同经历两个阶段。

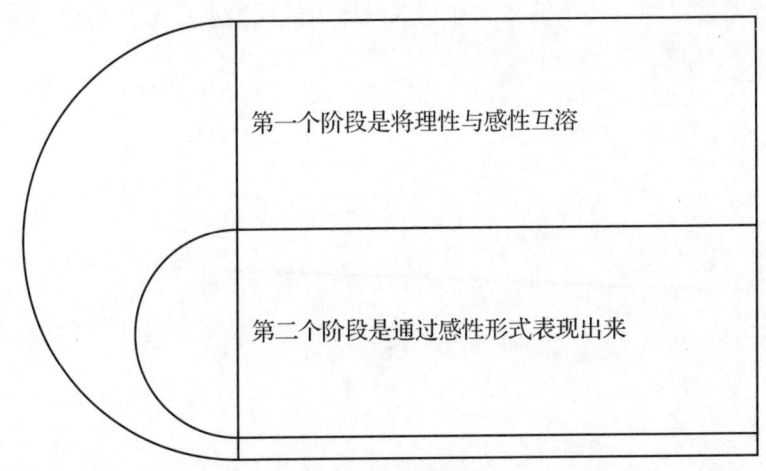

在第一个阶段（接受计划酝酿方案时期），以逻辑思维为主的理性思考及创作思维需要和以形象思维为主的感性思考及创作思维结合，但设计者偏重于理性的指导，寻求规律，抽象地或概念性地描述设计对象。

在第二个阶段（表现方案逐步实施时期），理性和感性的思考及创作思维成果需要通过感性的表达方式体现出来，设计者需要以形象、想象、联想为主要思考方式，抓住逻辑规律，运用形象语言。

总而言之，虽然我们将形象思维和逻辑思维相互界定，但是二者的统

一性却不能被湮没在纯的对立性中的，设计者需要把握逻辑思维和抽象思维的特性灵活运用。

对于感性与理性在艺术相关问题上的探讨由来已久，并且形成了多种不同的但都相对完善的理论和观点。然而，认识是不断发展的，对感性与理性对立统一的进一步认识只能会更趋成熟。设计艺术作为一种较为年轻的艺术科学，也是应该努力寻求其感性与理性最佳的契合方式。

而在通过对逻辑思维和形象思维的分析中，这种契合的可能性和有效性已初现端倪。艺术设计既具有严谨、理性的一面，又有轻松、活泼、感情丰富的一面，只有将理性和感性共同融会于其中，科学与艺术那种紧密的结合才会以独具特色的方式在艺术设计中体现出来。

后记
逻辑里的世界

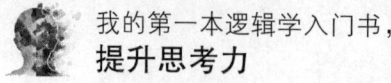

我的第一本逻辑学入门书，
提升思考力

本书到这里也就结束了。

这让我回想起本书的创作初衷，即：让读者在轻松的氛围中阅读，通过鲜活的情景走进逻辑学、掌握逻辑学，从而提高自己的逻辑思考力。而使我感到欣慰的是，在写作的过程中，我也一直遵循着这个目的。

所以，即使或许没有优秀的基因，没有认识和学习过逻辑学，但是都没有关系。希望阅读本书的读者能够消除逻辑学难以理解的思维定式，掌握万能的逻辑学技巧，在日后的生活和工作中能够熟练地运用逻辑思考力。

本书的最后，我要感谢选择本书的读者，若有错误和疏漏之处，敬请指明，我们一起交流学习。

附录

著名的逻辑学家及逻辑理论

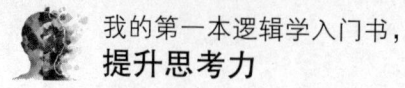

这里,列举 12 位对逻辑学有重要贡献的人物。

格奥尔格·威廉·弗里德里希·黑格尔

黑格尔的逻辑学是本体论、认识论和价值论三者同一的体系。在逻辑学中,本体论和认识论是紧密不可分地结合在同一个概念推演过程中的,它们都指向同一个目的,即从根本上解释世界,找出现实世界之必然存在和发展的合理性的根据,说明世界的本质知识,论证现实性和合理性的统一,并为理性的探求确立一个终极意义上的价值取向。

逻辑学是黑格尔哲学的灵魂和核心,是其哲学观点及其思维方式和体系框架的基本规定。概念论又是逻辑学的灵魂和核心,是逻辑学的旨趣和根本观点的明白确立,亦是逻辑学的思维方式和整个黑格尔哲学的体系框架的具体规定。

黑格尔在逻辑学方面的主要思想,即:

1. 批判了形式逻辑。

2. 研究了辩证思维。

3. 构造了辩证逻辑的体系。

戈特弗里德·威廉·莱布尼茨

莱布尼茨是数理逻辑的创始人。他明确提出了数理逻辑的指导思想:①希望建立一种"普遍的符号语言",这种语言的符号应该是表意的而不是拼音的,每一符号表达一个概念,如同数学的符号一样;②一个完善的符号语言同时应该是一个"思维的演算"。他认为,演算就是用符号作运算,在数量方面、在思维方面都起作用。

莱布尼茨在逻辑学方面的主要贡献,即:

1. 成功地将命题形式表达为符号公式。

2. 构成了一种关于两个概念相结合的演算。

3. 提出了等词的定义，即一物能为另一物所替代而保持原来命题的真实性，那么它们就是同一的。这个原理叫做不可分辨的东西的同一原理。

4. 第一次确定了三值逻辑的表，其中用 0 表示不可能，用 1/2 表示偶然，用 1 表示必然。

乔治·布尔

布尔的研究大致可分为逻辑和数学两部分。他在数学上的成就是多方面的，但在逻辑方面，他的主要贡献就是用一套符号来进行逻辑演算，即逻辑的数学化。

大约 200 年以前，戈特弗里德·威廉·莱布尼茨曾经探索过这一问题，但最终没有找到精确有效的表示方法，因为它牵涉到改进亚里士多德（Aristoteles）的工作，而人们对于改进亚里士多德的工作的尝试总有点犹豫不决。布尔凭着他卓越的才干，创造了逻辑代数系统，从而基本上完成了逻辑的演算工作。

乔治·布尔在逻辑学方面的主要贡献，即：

1. 出版了《逻辑的数学分析》，这是它对符号逻辑诸多贡献中的第一次。

2. 创造了逻辑代数系统，从而基本上完成了逻辑的演算工作。

3. 使逻辑学从传统走向现代。

库尔特·哥德尔

在 20 世纪初，库尔特·哥德尔证明了形式数论（即算术逻辑）系统的"不完全性定理"，即使把初等数论形式化之后，在这个形式的演绎系统中也总可以找出一个合理的命题来，在该系统中既无法证明它为真，也无法证明它为假。

库尔特·哥德尔发表于 1931 年的论文《〈数学原理〉（指怀德海和罗素所著的书）及有关系统中的形式不可判定命题》是 20 世纪在逻辑学和数学基础方面最重要的文献之一。

伯特兰·罗素

在现代西方哲学界、逻辑学界以及社会政治领域内，伯特兰·罗素都享有崇高声誉。

在学术领域，伯特兰·罗素不仅是风靡 20 世纪的分析哲学的主要创始人，而且是对数学逻辑发展作出过重要贡献的逻辑学家。

作为一位逻辑学家，伯特兰·罗素甚至被看作是亚里士多德以来最伟大的逻辑学家。

伯特兰·罗素在逻辑学方面的主要贡献，即：

1. 在数学逻辑方面的贡献是举世公认的，伯特兰·罗素和怀特海合作的《数学原理》一书已被公认为现代数理逻辑这门科学的奠基石。

2. 提出的"罗素悖论"刺激和推动了 20 世纪逻辑学的发展，他的类型理论为解决这个悖论作出了重大贡献。

3. 主张的逻辑主义——即认为可以用逻辑概念来定义数学的核心概念也对数学发展产生了一定的影响。

索尔·阿伦·克里普克

克里普克是美国的逻辑学家，哲学家，曾任教于哈佛、哥伦比亚、康奈尔和洛克菲勒等大学，1977 年任普林斯顿大学哲学教授，后升任麦科什讲座哲学教授。

克里普克是模态逻辑语义学的创始人和因果—历史指称论的首倡者

之一,认为名词的指称主要取决于与使用该名词有关的社会历史的传递链条。

克里普克在逻辑学方面的主要贡献,即:

1. 严格区分了"先验的"和"必然的"这两个概念。

2. 在区分先验真理和必然真理基础上,提出了"先验偶然命题"和"后验必然命题"的新概念。

3. 在模态逻辑语义学的基础上,提出了因果的、历史的指称理论,为该理论的首创人之一。

卡尔·波普尔

卡尔·波普尔生于奥地利维也纳的一个犹太裔中产阶级家庭,毕业于维也纳大学。1928年,他获授哲学博士学位,1930年至1936年间在中学任教。1937年,纳粹主义势力抬头,波普尔移民至新西兰。他在新西兰克赖斯特彻奇市(即基督堂市)的坎特伯雷大学任哲学讲师。1946年迁居英国,在伦敦经济学院讲解逻辑和科学方法论。

卡尔·波普尔在逻辑学方面的主要贡献,即:

1. 波普尔的哲学体系,重点在于批判的理性主义,这与经典的经验主义及其观测—归纳法泾渭分明。

2. 波普尔高度评价了休谟对归纳法的批判,虽然他对休谟和归纳逻辑主义的批判是牵强的,但对基础论的批判是相当有力的。

奥古斯特·孔德

奥古斯特·孔德是法国著名的哲学家、社会学和实证主义的创始人。

孔德开创了社会学这一学科,被尊称为"社会学之父"。他创立的实证主义学说是西方哲学由近代转入现代的重要标志之一。

同时，实证主义是孔德确立的关于实证科学的哲学体系，被认为与神学、形而上学互不包容。他在实证主义的基础上提出了著名的"三阶段法则"，他认为，在某种意义上，实证主义即是实证科学，而实证阶段是人类智慧发展的最高阶段。他对实证科学按简单到复杂的标准进行了分类，找出了各实证科学之间存在的"渐进的相关性"。孔德指出，实证精神集中体现了实证主义的内涵，观察和合理的预测是实证精神的主要特性。

奥古斯特·孔德在逻辑学方面的主要贡献，即：

1. 把社会学概括为一门研究人类社会的学科，并在他所处的历时条件下，规定了社会学的地位、研究对象和研究方法，建立了他的社会学理论体系。

2. 借用了圣西门"实证"一词，并认为19世纪的人类已经进入了"科学的实证阶段"，在这个时期里，经验认识可以用于理解社会现象。

3. 把实证主义应用于社会学，试图建立一个无所不包的实证知识体系用以解释所有的社会现象。

J.S. 密尔

J.S. 密尔，19世纪英国著名哲学家、经济学家、逻辑学家、政治理论家。

在密尔青年期的晚期，在古典哲学的雄厚背景下，学习了政治经济学与法学，并且开始在报刊文献上发表文章，其中最主要的场域是在哲学激进派的喉舌《西敏寺评论》。同时，密尔组织学社与年纪长他不少的人进行学术思辨，并且以读书会的形式增加自己在政治经济学、逻辑学与心理学的知识。

J.S. 密尔在逻辑学方面的主要贡献，即：

1. 创作了《逻辑体系》。

2. 他是归纳主义逻辑学家，丰富了归纳法，提高了归纳法在逻辑中的地位。

伯纳·派顿

伯纳·派顿曾任贝勒大学医学院神经肌肉部主任、神经学系副主任、神经科主治医生。于休斯敦莱斯大学与妇女研究中心任教，教授清晰思考、心灵体操、逻辑学与神经学等课程。

伯纳·派顿对逻辑学深有研究，他认为学习逻辑学能够使人思维敏捷，说话有条理；还有助于识破别人的谎言，远离骗局与陷阱。在逻辑学中，伯纳·派顿对"概括"和"定义"进行了全面且有深度的概括。

伯纳·派顿在逻辑学方面的主要贡献，即：

1. 区分概括与过渡概括。
2. 认为不同的定义，导致不同的结论。
3. 阐述了论证的形式。

威廉姆·斯坦利·杰文斯

威廉姆·斯坦利·杰文斯生于利物浦，英国著名的经济学家和逻辑学家。

威廉姆·斯坦利·杰文斯在逻辑学上有很大的成就，1864年他出版了一本小书，名字是《纯逻辑，或数与量之间的逻辑》，其基础是乔治·布尔的逻辑体系，但摒除了他认为错误的数学外衣。

随后几年，威廉姆·斯坦利·杰文斯致力于研究逻辑机器，正是这个研究，他知道给定逻辑前提，可以用机械模拟出来。1866年他发现了伟大且普遍的推理法则，并于1869年以《同类替代》（The Substitution of Similars）为题描述了这个学说，最简单的格式是："同类必有同质"

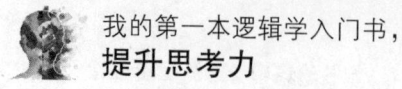

（Whatever is true of a thing is true of its like.）。另外，他还有其他的各样表达。

之后，威廉姆·斯坦利·杰文斯又发表了《逻辑学初级教程》并很快成为英语世界里最为流行的逻辑学基础教科书。这部书里他对早期的纯逻辑和同类替代作了具体的表述，还发展了归纳是演绎的简单反转的观点。他还撰写了很多逻辑学论文，1874年以《科学原理》为题发表。

另外，威廉姆·斯坦利·杰文斯还对概率的一般原理和概率与归纳之间的关系作了出色的改造。他在各种自然科学上的造诣此时发挥了巨大作用，使他可以利用图形来处理抽象的逻辑学概念，从而获得了成功。

而威廉姆·斯坦利·杰文斯的归纳准则是对威廉·惠威尔理论的回归，恰是此理论受到了穆勒的批评。当然，杰文斯用了新的表达，摒弃了受人批评的一些不必要的附属条件。这份努力可以算是19世纪英国最可大书一笔的逻辑学贡献之一。1880年，他出版了《演绎逻辑研究》。

威廉姆·斯坦利·杰文斯在逻辑学方面的主要贡献，即：

1.《纯逻辑，或数与量之间的逻辑》《逻辑学初级教程》《演绎逻辑研究》。

2. 发现了伟大且普遍的推理法则。

3. 认为归纳是演绎的简单反转的观点，并对概率的一般原理，以及概率与归纳之间的关系作出论证。

奥卡姆

奥卡姆是英国学者，约1285年生于萨里，1349年卒于德国慕尼黑。

提到奥卡姆，可能他的剃刀定律更被人熟知。奥卡姆剃刀定律

(Occam's Razor, Ockham's Razor)又称"奥康的剃刀",这个原理认为"如无必要,勿增实体",即"简单有效原理"。正如奥卡姆在《箴言书注》2卷15题说"切勿浪费较多东西去做,用较少的东西,同样可以做好的事情",奥卡姆的意思是在对于同一理论或者同一命题的多种解释和证明过程中,步骤最少、最为简洁的证明是最有效的。

但是,奥卡姆又是一名逻辑学家,他是中世纪晚期的逻辑学家和哲学家(中世纪晚于奥卡姆的最著名的逻辑学家大概只有布列丹一位),在某种意义上可以说,奥卡姆是中世纪逻辑思想和成就的集大成者。

奥卡姆一以贯之坚持的是唯名论的个体化原则,他反对托马斯·阿奎那所坚持的温和实在论,他认为人的理智所能把握的概念并不是真正的存在,世界上唯一真实存在的是个体,而概念是人类理智对于个别事物之间相似性的一种把握。

由此,奥卡姆认为命题中的词项此概念就是思想中的事物是唯一真正的现实,而直觉能感觉到的客观事物倒是思想中事物的不完全的反映。命题中的词项是理智概念对于个别事物的指代。

奥卡姆在逻辑学方面的主要贡献,即:

1. 奥卡姆研究的指代理论,对现代语言逻辑具有重要的借鉴作用。

2. 奥卡姆对此项特征理论、命题逻辑和推论学说等主要逻辑思想进行过分析和阐述。

3. 奥卡姆出版了一部逻辑学巨著——《逻辑大全》,主要包含词项理论和命题理论两方面内容。